KB209644

이상의 포고령 위반자에 대해서는 대한민국 계엄법 제9조(계엄사령관 특별조치권)에 의하여 영장 없이 체포, 구금, 압수수색을 할 수 있으며, 계엄법 제14조(벌칙)에 의하여 처단한다.

2024.12.3.(화) 계엄사령관 육군대장 박안수

2 ── 두 번째 질문
계엄 선포 및 계엄 해제 과정에 대한 국회의 개입 제도화

대통령의 계엄 선포에 대한 국회의 사전동의제 도입이 어렵다면, 계엄 선포 '즉시' 국회의 승인을 얻도록 하고, 승인을 얻지 못했을 때는 그 효력이 자동으로 상실되도록 한다면 어떨까?

또한 국회가 계엄 해제를 요구하면 '즉시' 계엄을 해제하도록 제도를 정비한다면 어떨까?

계엄은 전시·사변 또는 그에 준하는 비상사태가 발생했을 때 발동되어야 하므로 기밀성, 전격성, 신속성 등이 필요하다. 이런 이유로 계엄 선포에 관한 국회의 사전동의제 도입을 반대하는 목소리도 만만치 않을 수 있다고 예상된다. 남북 대치 등과 같은 실제적 안보 위협이 상존(常存)하는 상황에서 단 한 순간이라도 비상사태 대응에 허점을 보여서는 안 되기 때문에 계엄 선포에 대한 국회의 사전동의제 도입이 어렵다는 점을 마냥 간단한 문제로 치부하기 힘든 것도 현실이다.

그렇다면 계엄 선포와 함께 국회의 승인을 얻게 하고, 승인을 얻지 못하면 당연히 효력이 상실되도록 하는 방안(《헌법 주석, 국회, 정부》, (사)한국헌법학회, 2018, 681면)을 차선으로 검토해 보자고 제안한다. 이때 비록 사후승인일지라도 '선포 즉시'를 명문화함으로써 최대한 사전동의제에 버금가는 견제 장치로 작동하게 하는 것이 중요하다고 생각한다.

또한 계엄 선포 사전동의제 혹은 선포 즉시 승인제의 도입과 더불어 현행 계엄 해제 방식과 관련된 계엄법을 손질할 필요도 있다.

🌸 **헌법**

제77조 ⑤ <u>**국회가 재적의원 과반수의 찬성으로 계엄의 해제를 요구**</u>한 때에는 대통령은 이를 해제하여야 한다.

🌸 **계엄법**

제11조(계엄의 해제) ① 대통령은 제2조제2항 또는 제3항에 따른 계엄 상황이 평상 상태로 회복되거나 <u>**국회가 계엄의 해제를 요구한 경우**</u>에는 <u>**지체 없이 계엄을 해제**</u>하고 이를 공고하여야 한다.
② 대통령이 제1항에 따라 계엄을 해제하려는 경우에는 국무회의의 심의를 거쳐야 한다.

〈표 II-2〉 계엄 해제 관련 헌법 및 계엄법 조항

지난 12·3 사태에서 민주주의를 지키기 위한 시민들의 결사항전과 윤석열의 친위 쿠데타를 저지하려는 국회의원들의 의지로 국회는 계엄 선포 후 3시간이 채 지나기도 전에 본회의를 열고 계엄 해제를 결의할 수 있었다. 하지만 실제 계엄 해제까지는 6시간이나 걸렸다. 그때까지 시민들은 뜬눈으로 밤을 지새우며 불안에 떨어야 했다.

현행 계엄법에 따르면, 국회가 계엄 해제를 요구하면 '지체 없이' 이를 해제해야 하고, 그 과정에서 국무회의의 심의를 거쳐야 한다. 그런데 굳이 이런 법적 절차를 거칠 필요가 있을까? 국회가 적법한 절차에 따라 계엄 해제를 요구하면 '즉시' 계엄이 해제될 수 있도록 관련 문언(文言)을 정비해야 한다고 제안한다.

> ⚙ **'지체 없이' vs '즉시'** 《**법제이론과 실제**》, (국회 법제실, 2019, 859면)
> **'즉시'**는 시간적 즉시성이 보다 강한 것으로, **'지체 없이'**는 정당한 또는 합리적인 이유에 근거한 지체는 허용되는 것으로 해석되므로 사정이 허락하는 한 가장 신속하게 하여야 한다는 뜻을 가짐.

〈표 II-3〉 '지체 없이'와 '즉시'의 법제적 해석

비상계엄해제요구 결의안

주문
헌법 제77조 제5항, 「계엄법」제11조에 따라 비상계엄의 해제를 요구한다.

제안 사유
2024년 12월 3일 윤석열 대통령이 비상계엄을 선포한 행위는 명백한 위헌이므로 입법부인 국회가 이를 바로잡고자 비상계엄의 해제를 요구함.

[출처] 의안정보시스템(https://likms.assembly.go.kr/bill/main.do)

윤석열 대통령 대국민 담화(12월 4일): 비상계엄 해제

존경하는 국민 여러분,

저는 어제 밤 11시를 기해 국가의 본질적 기능을 마비시키고 자유민주주의 헌정질서를 붕괴시키려는 반국가 세력에 맞서 결연한 구국의 의지로 비상계엄을 선포하였습니다.

그러나 조금 전 국회의 계엄 해제 요구가 있어 계엄 사무에 투입된 군을 철수시켰습니다.

　　바로 국무회의를 통해 국회의 요구를 수용하여 계엄을 해제할 것입니다.

　　다만, 즉시 국무회의를 소집하였지만 새벽인 관계로 아직 의결정족수가 충족되지 못해서 오는 대로 바로 계엄을 해제하겠습니다.

　　그렇지만 거듭되는 탄핵과 입법 농단, 예산 농단으로 국가의 기능을 마비시키는 무도한 행위는 즉각 중지해 줄 것을 국회에 요청합니다.

　　감사합니다.

[출처] 대한민국 정책브리핑(www.korea.kr)

3 — 세 번째 질문
대통령 권한대행의 역할 재정의

대통령 권한대행의 권리행사 범위는 어디까지일까? 법률안에 대한 거부권, 공무원 임면권의 범위와 한계는 무엇이고, 권한대행에 대한 탄핵 요건은 어떻게 될까?

대통령 권한대행의 직무 수행 범위와 한계는 어디까지일까? 각 정당의 주장도 유·불리에 따라 수시로 뒤바뀐다. 법학자들 사이에서도 의견이 엇갈린다. 잠정적인 현상 유지에 국한된다는 의견부터 법적으로는 어떤 제약도 받지 않으니 이론적으로 모든 권한을 행사할 수 있다는 견해까지 다양하다. 또한 '궐위'에 따른 권한대행이라면 그 범위를 현상 유지로 국한할 필요가 없지만, '사고'일 때는 잠정적인 현상 유지로 그 범위를 국한해야 한다는 절충론도 있다. 현재는 당장 대통령 권한대행의 직무 행사 범위를 둘러싸고 세 가지 쟁점이 떠오르고 있다.

✿ 헌법

제53조 ② 법률안에 이의가 있을 때에는 **대통령**은 제1항의 기간 내에 이의서를 붙여 국회로 환부하고, 그 **재의를 요구**할 수 있다. 국회의 폐회 중에도 또한 같다.

④ **재의의 요구가 있을 때**에는 **국회**는 재의에 붙이고, **재적의원 과반수의 출석과 출석의원 3분의 2 이상의 찬성**으로 전과 같은 의결을 하면 그 법률안은 법률로서 확정된다.

제65조 ① **대통령·국무총리**·국무위원·행정각부의 장·헌법재판소 재판관·법관·중앙선거관리위원회 위원·감사원장·감사위원 기타 법률이 정한 공무원이 그 직무 집행에 있어서 **헌법이나 법률을 위배한 때**에는 **국회는 탄핵의 소추**를 의결할 수 있다.

② 제1항의 탄핵소추는 국회 재적의원 3분의 1 이상의 발의가 있어야 하며, 그 **의결은 국회 재적의원 과반수**의 찬성이 있어야 한다. 다만, **대통령**에 대한 탄핵소추는 국회 재적의원 과반수의 발의와 **국회 재적의원 3분의 2 이상의 찬성**이 있어야 한다.

③ 탄핵소추의 의결을 받은 자는 탄핵심판이 있을 때까지 그 **권한행사가 정지**된다.

제71조 대통령이 **궐위**되거나 **사고**로 인하여 **직무를 수행할 수 없을 때**에는 **국무총리, 법률이 정한 국무위원의 순서로 그 권한을 대행**한다.

제78조 대통령은 헌법과 법률이 정하는 바에 의하여 공무원을 임면한다.

제111조 ② **헌법재판소**는 법관의 자격을 가진 **9인의 재판관**으로 구성하며, 재판관은 **대통령이 임명**한다.

③ 제2항의 재판관 중 **3인은 국회에서 선출**하는 자를, **3인은 대법원장**

이 지명하는 자를 임명한다.

〈표 II-4〉 헌법에 명시된 대통령의 권한

첫 번째는 결원 상태인 헌법재판관 (9명 중) 3명의 임명권을 권한대행이 행사할 수 있느냐는 문제다. 결원 3명에 대해서는 이미 여야가 함께 국회 몫으로 후보를 추천한 바 있다. 야당 단독으로 진행하기는 했어도 인사청문회도 거쳤고 국회 본회의에서 선출 절차를 밟았으므로 임명 자체에는 문제가 없다고 생각한다. 법리적으로도 권한대행의 권한행사가 의례적이고 형식적이며 소극적 행위에 해당하므로 임명할 수 있다는 의견을 전문가 대다수가 지지하고 있다.

또한 대통령 탄핵심판은 국가의 중차대한 문제이므로 '9인 완전체로 구성된 헌법재판소'에서 심리하는 방식이 국민 법감정에도 부합해 보인다. 대통령 탄핵의 가부 문제를 현재의 6인 체제에서 결정한다면 그 정당성에 의문을 제기하는 여론이 형성될 수도 있기 때문이다. 이를 막기 위해서는 정상적인 9인 체제로 국가의 운명을 좌우할 중대사를 정통성 있게 결정해야 한다고 본다.

헌법재판소 사무처장도 국회에서 "헌법재판관 일부가 공석인 상태에는 대통령 권한대행이 재판관에 대한 임명권을 행사할 수 있다고 저희들은 생각하고 있다."라고 앞서 설명한 내용과 같은 취지로 답변한 바 있다. 국민의힘이 추천한 헌법재판관 후보자도 청문회에서 "9명의 재판관으로 구성되는 것이 헌법재판소의 정당성을 위해서도 합당한 방법"이라는 생각을 밝혔다.

대법원도 비슷한 취지로 대통령 권한대행의 대법관 임명에 대해 "최종적으로 대통령이 임명하나 대법원장 제청과 국회 동의라는 견제 장치가 마련되어 있어서 헌법상 원칙에 위배되지 않을 것으로 보인다."라고 말했다.

그런데도 국민의힘에서는 대통령을 탄핵소추한 국회가 재판관을 추천하는 것은 마치 검사가 판사를 고르는 격이라고 반대한다. 여야가 함께 국회 몫에 해당하는 후보를 추천했는데도 뒤늦게 정치적 이해관계에 따라 태도를 달리하고 있다. 헌법재판소의 탄핵심리를 지연하기 위한 정략적 시간 끌기라고 비판받아 마땅하다.

그런 관점에서 한덕수 권한대행이 사실상 국민의힘의 논리에 동조하여 여야 합의를 강조하며 헌법재판관 3인의 임명을 거부하다 결국 국회에서 탄핵당하고 '대행의 대행' 체제에 이른 현 상황은 국가적으로 큰 불행이 아닐 수 없다.

둘째로 권한대행의 거부권, 법률안에 대한 재의요구권 행사 문제 역시 생각해 볼 부분이다. 한덕수 권한대행은 2024년 12월 19일 양곡관리법, 예산안 자동부의 폐지를 골자로 하는 국회법, 국회증언감정법 등 6개 법안에 대해 거부권을 행사했다. 2004년에 당시 고건 권한대행이 사면법, 거창사건 관련자 명예회복법 등 2개의 법안에 대해 거부한 선례도 있다.

그런데 거부권 행사와 관련해서는 헌법재판관 임명 문제와 반대로 여야의 찬반 입장이 뒤바뀌었다. 전형적인 당리당략에 따른 태도 달리하기다. 재판관 임명은 되고 거부권 행사는 안 되는 이유는 무엇인가? 이와 반대로 재판관 임명은 안 되고 거부권 행사는 되는 이유는 무엇인가? 어떻게 해야 이 혼란한 시국을 재빨리 수습하고 국민의 요구에 부합할 수 있는지 큰 틀에서 바라보는 자세가 아쉽다.

내란 특검법과 김건희 특검법(가칭 쌍특검법)에 대해서는 권한대행이 거부권을 행사하면 안 된다고 생각한다. 이번 내란 사태의 근본 원인 중 하나가 대통령이 부인의 특검을 거부하려고 무리하게 거부권을 남용했기 때문 아닌가? 특검 후보를 야당 추천으로만 구성한다면 위헌적이라는 주장이 있기는 하다. 하지만 2012년 내곡동 사저 특검, 2016년 국정농단 특검, 2018년 드루킹 특검 당시에는 야당에 추천권을 주었던 선례가 있다.

세 번째 쟁점은 대통령 권한대행에 대한 탄핵 요건이다. 대통령의 직무정지 때문에 권한을 대행할 뿐이므로 국무총리 탄핵 요건인 국회 재적의원 과반수 찬성과 동일하게 적용해야 한다는 의견과 대통령 직무를 수행하고 있으므로 대통령 탄핵 요건인 재적의원 3분의 2의 찬성이 필요하다는 의견으로 갈린다.

1987년 헌법 체제 이후로 대통령 권한대행은 벌써 3명째다. 향후 개헌이 이루어진다면 대통령 권한대행의 역할, 권한행사 범위와 한계, 탄핵 요건 등을 더 명확하게 정의할 필요가 있다.

개인적으로는 어떤 사유로 대통령 권한대행을 맡게 되든 이는 어디까지나 일시적 대행에 불과하므로 국민의 선거로 뽑힌 대통령과 동등한 권한과 책임을 행사할 수 있다고 보기 어렵다는 생각이다. 권한대행의 본질에 근거하여 최소한의 책임과 의무에 비중을 두고 직무 범위를 판단하고 정의해야 옳지 않을까?

일각에서는 2015년 헌법재판소 주석서를 인용하여 대통령 권한대행을 탄핵하려면 대통령과 마찬가지로 국회 재적의원 3분의 2에 해당하는 200석이 필요하다고 주장한다. 하지만 이는 자신들의 입맛에 맞는 일부 내용만 발췌하여 인용한 것이다. 주석서에는 대행인으로서 직무 집행 중의 위법행위가 탄핵 사유일 때만 대통령 탄핵 요건을 적용한다고 되어 있다. 권한대행 본인의 본래 직무 집행 중에 저지른 위법행위에 대해서는 당연히 원 신분을 기준으로 탄핵 대상이 되어야 한다고 적혀 있다《주석 헌법재판소법》, 헌법재판소 헌법재판연구원, 2015, 653-654면).

국회입법조사처도 같은 이유로 "총리로서 직무를 수행하는 중에 발생한 사유로 제기된 국무총리 탄핵소추안에는 국무총리에 대한 탄핵소추 발의 및 의결 요건이 적용된다는 점에 대해 학계에서도 이론이 없다."라고 밝힌 바 있다.

물론 대통령 권한대행이 탄핵당한다면 일시적인 혼란을 피할 수 없다. 그래서 할 수만 있다면 헌정사의 불행을 피하는 편이 좋다. 그렇다 해도 국무총리 시절에 범한 헌법과 법률 위반 행위가 있다면 아무리 대통령 권한대행 역할을 수행하고 있더라도 국회의원 재적 과반수라는 국무총리 탄핵 요건을 적용해야 한다고 생각한다.

4 ── 네 번째 질문
'인사청문회 따로, 임명 따로' 제도 개선 필요

최고의 인재가 발탁되는 나라를 만들기 위해 대통령이 장관을 임명할 때 인사청문회를 통과하지 못하면 임명할 수 없도록 제도를 고쳐야 하지 않을까?

인사(人事)는 만사(萬事)다. 이보다 더 본질을 꿰뚫는 비유는 만나 본 적이 없다. 민주주의 체제에서는 권력의 제도화가 나타나지만, 결국 그 제도의 작동은 사람이 한다는 점이 핵심이기 때문이다. 국가기관의 기능을 제대로 수행하려면 해당 기관의 권한을 제대로 행사할 인물이 필요하다. 그런 점에서 민주주의는 사람이 전부라고 말해도 과언이 아니다.

이런 문제의식을 토대로 하여 공직 후보자가 해당 직위에 적합한 인물인지를 검증하는 인사청문제도가 2000년 대법원장, 헌법재판소장, 국무총리, 감사원장 등을 대상으로 도입되었다. 이후 국가정보원장(2003년), 국무위원(2005년), 합동참모의장(2006년), 방송통신위원장(2008년), 공정거래위원장(2012년), 한국방송공사 사장(2014년), 고위공직자범죄수사처장(2020년) 등으로 그 대상은 꾸준히 확대되었다.

인사청문제도는 대통령이 추천한 공직 후보자를 국회가 검증하는 제도다. 대통령에게 인사청문회는 고위공직자 임명의 정당성을 확보하는 수단이 된다. 공직 후보자가 국회의 인사청문회를 통과한다는 것은 그만큼 직무 수행 능력과 도덕성을 갖춘 인재라는 의미이기 때문이다. 국회에서 진행하는 청문회는 대통령의 인사권에 대한 권력 통제의 기제로 작동하므로 이는 삼권분립의 민주주의 원칙에도 부합한다.

현행 인사청문회법을 잠시 살펴보자면, 국회는 대통령의 인사청문동의안을 전달받은 날로부터 20일 이내에 심사를 마치고 인사청문경과보고서를 채택해야 한다. 만약 이 청문보고서가 채택되지 않아 국회가 보고서를 송부할 수 없게 되면, 10일 이내의 범위에서 인사권자가 기간을 정하여 다시 요청할 수 있다. 하지만 그 기간마저 넘기면 인사권자는 국회의 청문보고서 채택 여부와 상관없이 후보자를 임명할 수 있게 된다. 이른바

'20+10' 조항이다.

통상적으로 인사청문경과보고서는 공직 후보자에 대한 국회의 평가를 담아 여야 합의를 통해 채택된다. '적격' 의견과 '부적격' 의견을 병기하더라도 국회가 청문보고서를 채택하면 야당도 해당 후보의 임명을 반대하지 않는다는 뜻으로 간주한다. 이와 반대로, 국회에서 청문보고서 채택 합의가 불발되면 해당 후보는 보통 자진사퇴 형식을 빌려 물러나고, 인사권자는 다른 후보를 물색하는 것이 '정상'으로 여겨졌다.

그러나 진영 정치가 점차 격화하면서 인사청문회 도입 초기부터 자리 잡았던 관행을 깨고 인사권자가 청문보고서의 채택 여부와 상관없이 임명 절차를 강행하는 사례가 늘어났다. 인사청문회는 요식행위로 전락했다. 이에 대해 야당은 인사권자의 오만과 독선이라고 비난했고, 인사권자와 여당은 야당의 발목잡기라고 폄하했다.

이런 '청문회 따로, 임명 따로' 사례는 정권이 교체될 때마다 폭증했는데, 노무현 정부에서 3건, 이명박 정부에서 14건, 박근혜 정부에서 12건, 문재인 정부에서는 26건이 각각 발생했다. 심지어 윤석열 정부는 재임한 지 3년도 채 되지 않아 28건이나 기

🌸 국회법

제65조의2(인사청문회) ① 제46조의3에 따른 심사 또는 인사청문을 위하여 **인사에 관한 청문회**(이하 "인사청문회"라 한다)를 연다.
⑥ 인사청문회의 **절차 및 운영** 등에 필요한 사항은 따로 법률로 정한다.

🌸 인사청문회법

제6조(임명동의안등의 회부등) ②국회는 임명동의안등이 제출된 날부터 **20일 이내에 그 심사 또는 인사청문**을 마쳐야 한다.
③ 부득이한 사유로 제2항의 규정에 의한 기간 이내에 **헌법재판소 재판관·중앙선거관리위원회 위원·국무위원·방송통신위원회 위원장·국가정보원장·공정거래위원회 위원장·금융위원회 위원장·국가인권위원회 위원장·고위공직자범죄수사처장·국세청장·검찰총장·경찰청장·합동참모의장·한국은행 총재·특별감찰관 또는 한국방송공사 사장**(이하 "헌법재판소재판관등"이라 한다)의 후보자에 대한 인사청문회를 마치지 못하여 국회가 **인사청문경과보고서를 송부하지 못한 경우**에 대통령·대통령 당선인 또는 대법원장은 제2항에 따른 기간의 다음날부터 **10일 이내의 범위에서 기간을 정하여 인사청문경과보고서를 송부하여 줄 것을 국회에 요청**할 수 있다.
④제3항의 규정에 의한 기간 이내에 헌법재판소재판관등의 후보자에 대한 **인사청문경과보고서를 국회가 송부하지 아니한 경우**에 대통령 또는 대법원장은 헌법재판소재판관등으로 **임명 또는 지명**할 수 있다.

〈표 Ⅱ-5〉 인사청문회 관련 국회법과 인사청문회법 일부

록했다(《표 II-6》 참조). 한국 정치의 비극이자 실패의 방증이라고 해도 할 말이 없다.

이런 사실을 고려하면, 이번 12·3 사태는 특정 고교 출신, 편협한 사고에 갇힌 사람들, 듣기 좋은 말만 하고 말 잘 듣는 사람들로만 이뤄진 좁은 인재 풀에서 벗어나 능력 위주의 탕평 인사를 했다면 일어나지 않았을 비극이라고도 볼 수 있을 것이다. 한국 정치의 실패가 빚은 인사 참극을 더는 이대로 방치하면 안 된다. 인사청문제도의 좋은 취지를 폄훼하고 대립과 갈등을 심화하는 현행 방식은 반드시 손질해야 한다.

문제는 여당일 때 하는 말 다르고, 야당일 때 하는 말이 다르다는 점이다. 정파적 이해를 넘어서서 대의를 우선하는 정치로 돌아가야 한다. 민생과 국익을 맨 앞자리에 두어야 한다. 최고의 인재를 발탁하여 마음껏 뜻을 펼칠 수 있도록 해야 한다. 이를 위해 대통령이 고위급 인사를 지명할 때, 반드시 인사청문회를 통과해야만 임명할 수 있도록 제도를 보완해야 하지 않을까?

구분		건명	제출일	인사청문회	경과보고서 송부 요청일 (기한)
노무현 대통령 (03. 2. 25~ 08. 2. 24.)	1	국무위원 후보자(보건복지부 장관 유시민) 인사청문요청안	2006. 1.11	2006. 2. 7 ~ 2. 8	2006. 1.31 (2. 9까지)
	2	국무위원 후보자(외교통상부 장관 송민순) 인사청문요청안	2006. 11. 7	2006. 11.16	2006.11.27 (11.30까지)
	3	국무위원 후보자(통일부 장관 이재정) 인사청문요청안	2006. 11. 8	2006. 11.17	2006.11.28 (12. 7까지)
이명박 대통령 (08. 2. 25.~ 13. 2. 24.)	1	국무위원 후보자(보건복지부 장관 김성이) 인사청문요청안	2008. 2.19	2008. 2.27	2008. 3.10 (3.12까지)
	2	방송통신위원회 위원장 후보자 (최시중) 인사청문요청안	2008. 3. 4	2008. 3.17	2008. 3.24 (3.24까지)
	3	검찰총장 후보자(천성관) 인사청문요청안	2009. 6.26	2009. 7.13	※ 후보자 사퇴 (2009.7.14)
	4	국무위원 후보자(법무부 장관 이귀남) 인사청문요청안	2009. 9. 8	2009. 9.17	2009. 9.28 (9.28까지)
	5	국무위원 후보자(노동부 장관 임태희) 인사청문요청안	2009. 9. 8	2009. 9.22	2009. 9.28 (9.28까지)
	6	국무위원 후보자(여성부 장관 백희영) 인사청문요청안	2009. 9. 8	2009. 9.18	2009. 9.28 (9.28까지)
	7	국무위원 후보자(지식경제부 장관 최중경) 인사청문요청안	2011. 1. 5	2011. 1.18	2011. 1.25 (1.26까지)
	8	국무위원 후보자 (농림수산식품부 장관 서규용) 인사청문요청안	2011. 5.12	2011. 5.23	2011. 6. 1 (6. 1까지)

	9	검찰총장 후보자(한상대) 인사청문요청안	2011. 7.19	2011. 8. 4	2011. 8. 8 (8. 9까지)
	10	국무위원 후보자(법무부 장관 권재진) 인사청문요청안	2011. 7.20	2011. 8. 8	2011. 8. 9 (8. 9까지)
	11	국무위원 후보자(특임장관 고흥길) 인사청문요청안	2012. 2. 3	2012. 2.14	2012. 2.23 (2.23까지)
	12	방송통신위원회 위원장 후보자(이계철) 인사청문요청안	2012. 2.17	2012. 3. 5	2012. 3. 8 (3. 8까지)
	13	국가인권위원회 위원장 후보자 (현병철) 인사청문요청안	2012. 6.26	2012. 7.16	2012. 7.16 (7.18까지)
	14	중앙선거관리위원회 위원 후보자 (이종우) 인사청문요청안	2012. 11.16	2012. 11.29	2012.12. 6 (12. 7까지)
박근혜 대통령 (13. 2. 25.~ 17. 3. 10.) *황교안 권한대행 (16.12.9.~ 17.5.10.)	1	국무위원 후보자(국방부 장관 김병관) 인사청문요청안	2013. 2.15	2013. 3. 8 ~ 3. 9	2013. 3. 7 (3.11까지)
	2	국무위원 후보자(기획재정부 장관 현오석) 인사청문요청안	2013. 2.20	2013. 3.13 ~ 3.14	※ 후보자 사퇴 (2013.3.22)
	3	국무위원 후보자(미래창조과학부 장관 최문기) 인사청문요청안	2013. 3.25	2013. 4. 1	2013. 3.12 (3.14까지)
	4	국무위원 후보자(해양수산부 장관 윤진숙) 인사청문요청안	2013. 3.25	2013. 4. 2	2013. 4.15 (4.16까지)
	5	방송통신위원회 위원장 후보자 (이경재) 인사청문요청안	2013. 3.27	2013. 4.10	2013. 4.15 (4.16까지)
	6	국무위원 후보자(보건복지부 장관 문형표) 인사청문요청안	2013. 10.30	2013.11.12. ~ 11.13	2013. 4.16 (4.16까지)
	7	검찰총장 후보자(김진태) 인사청문요청안	2013. 10.30	2013 11.13	2013.11.19 (11.20까지)
	8	국무위원 후보자(안전행정부 장관 강병규) 인사청문요청안	2014. 3.11	2014. 3.24	2013.11.19 (11.20까지)

	9	국무위원 후보자(교육부 장관 김명수) 인사청문요청안	2014. 6.24	2014 7 9 ~ 7.10	2014. 4. 1 (4. 1까지)
	10	국무위원 후보자(문화체육관광부 장관 정성근) 인사청문요청안	2014. 6.24	2014. 7.10	※지명 철회 2014.7.15(7.15까지)
	11	국무위원 후보자(안전행정부 장관 정종섭) 인사청문요청안	2014. 6.24	2014. 7. 8	※ 후보자 사퇴 (2014.7.16)
					2014. 7.15 (7.15까지)
	12	경찰청장 후보자(이철성) 인사청문요청안	2016. 8. 2	2016. 8.19	2016. 8.23 (8. 23까지)
문재인 대통령 (17.5.10.~ 22.5.9.)	1	공정거래위원회 위원장 후보자(김상조) 인사청문요청안	2017. 5.19	2017. 6. 2	2017. 6. 8 (6. 12까지)
	2	국무위원 후보자(외교부 장관 강경화) 인사청문요청안	2017. 5.26	2017. 6. 7	2017. 6. 15 (6. 17까지)
	3	국무위원 후보자(국방부 장관 송영무) 인사청문요청안	2017. 6.14	2017. 6.28	2017. 7. 4 (7. 10까지)
	4	국무위원 후보자(고용노동부 장관 조대엽) 인사청문요청안	2017. 6.14	2017. 6.30 ~ 7. 1	2017. 7. 4 (7. 10까지)
	5	방송통신위원회 위원장 후보자 (이효성) 인사청문요청안	2017. 7. 6	2017. 7.19	2017. 7.26 (7. 30까지)
	6	국무위원 후보자(중소벤처기업부 장관 홍종학) 인사청문요청안	2017. 10.26	2017. 11.10	2017.11.15 (11. 20까지)
	7	한국방송공사 사장 후보자 (양승동) 인사청문요청안	2018. 3. 5	2018. 3.30	2018. 3.27 (4. 5까지)
	8	헌법재판소 재판관 후보자 (이석태) 인사청문요청안	2018. 8.27	2018. 9.10	2018. 9.18 (9. 20까지)
	9	헌법재판소 재판관 후보자 (이은애) 인사청문요청안	2018. 8.27	2018. 9.11	2018. 9.18 (9. 20까지)

10	국무위원 후보자(부총리 겸 교육부 장관 유은혜) 인사청문요청안	2018. 9. 3	2018. 9.19	2018. 9.28 (10. 1까지)
11	국무위원 후보자(환경부 장관 조명래) 인사청문요청안	2018. 10.10	2018.10. 23~ 10.24	2018.10.30 (11. 8까지)
12	한국방송공사 사장 후보자(양승동) 인사청문요청안	2018. 11. 5	2018. 11.19	2018.11.27 (12. 6까지)
13	국무위원 후보자(통일부 장관 김연철) 인사청문요청안	2019. 3.13	2019. 3.26	2019. 4. 2 (4. 7까지)
14	국무위원 후보자(중소벤처기업부 장관 박영선) 인사청문요청안	2019. 3.13	2019. 3.27	2019. 4. 2 (4. 7까지)
15	헌법재판소 재판관 후보자(문형배) 인사청문요청안	2019. 3.26	2019. 4. 9	2019. 4.16 (4. 18까지)
16	헌법재판소 재판관 후보자(이미선) 인사청문요청안	2019. 3.26	2019. 4.10	2019. 4.16 (4. 18까지)
17	검찰총장 후보자(윤석열) 인사청문요청안	2019. 6.20	2019. 7. 8~ 7. 9	2019. 7.10 (7. 15까지)
18	국무위원 후보자(과학기술정보통신부 장관 최기영) 인사청문요청안	2019. 8.14	2019. 9. 2	2019. 9. 3 (9. 6까지)
19	국무위원 후보자(법무부 장관 조국) 인사청문요청안	2019. 8.14	2019. 9. 6	2019. 9. 3 (9. 6까지)
20	국무위원 후보자(여성가족부 장관 이정옥) 인사청문요청안	2019. 8.14	2019. 8. 30	2019. 9. 3 (9. 6까지)
21	공정거래위원회 위원장 후보자(조성욱) 인사청문요청안	2019. 8.14	2019. 9. 2	2019. 9. 3 (9. 6까지)
22	금융위원회 위원장 후보자(은성수) 인사청문요청안	2019. 8.14	2019. 8.29	2019. 9. 3 (9. 6까지)
23	방송통신위원회 위원장 후보자(한상혁) 인사청문요청안	2019. 8.14	2019. 8.30	2019. 9. 3 (9. 6까지)

	24	국무위원 후보자(법무부 장관 추미애) 인사청문요청안	2019. 12.11	2019. 12.30	2019.12.31 (2020. 1. 1까지)
	25	국무위원 후보자(해양수산부 장관 박준영) 인사청문요청안	2021. 4.21	2021. 5.4	2021.5.11 (5.14까지)
	26	한국방송공사 사장 후보자 (김의철) 인사청문요청안	2021. 11.5	2021. 11.22	2021.11.25. (12.2까지)
윤석열 대통령 (22.5.10.~)	1	국무위원 후보자(문화체육관광부 장관 박보균) 인사청문요청안	2022. 4.14	2022. 5.2	2022.5.4 (5.9까지)
	2	국무위원 후보자(보건복지부 장관 정호영) 인사청문요청안	2022. 4.14	2022. 5.3	2022.5.4 (5.9까지)
	3	국무위원 후보자(여성가족부 장관 김현숙) 인사청문요청안	2022. 4.14	2022.5.11. ~5.12	2022.5.4 (5.9까지)
	4	국무위원 후보자(국토교통부 장관 원희룡) 인사청문요청안	2022. 4.14	2022. 5.2	2022.5.4 (5.9까지)
	5	국무위원 후보자(외교부 장관 김진) 인사청문요청안	2022. 4.15	2022. 5.2	2022.5.6 (5.9까지)
	6	국무위원 후보자(행정안전부 장관 이상민) 인사청문요청안	2022. 4.15	2022. 5.3	2022.5.6 (5.9까지)
	7	국무위원 후보자(법무부 장관 한동훈) 인사청문요청안	2022. 4.19	2022.5.9. ~5.10	2022.5.13 (5.16까지)
	8	경찰청장 후보자(윤희근) 인사청문요청안	2022. 7.8	2022. 8.8	2022.7.29 (8.5까지)
	9	검찰총장 후보자(이원석) 인상청문요청안	2022. 8.23	2022. 9.5	2022.9.14 (9.15까지)
	10	공정거래위원회 위원장 후보자 (한기정) 인사청문요청안	2022. 8.23	2022. 9.2	2022.9.14 (9.15까지)
	11	국무위원 후보자(부총리 겸 교육	2022.	2022.	2022.11.2

	부 장관 이주호) 인사청문요청안	10.11	10.28	(11.4까지)
12	국무위원 후보자(통일부 장관 김영호) 인사청문요청안	2023.7.5	2023.7.21	2023.7.25. (7.27까지)
13	방송통신위원회 위원장 후보자 (이동관) 인사청문요청안	2023.8.1	2023.8.18	2023.8.22. (8.24까지)
14	국무위원 후보자(산업통상자원부 장관 방문규) 인사청문요청안	2023.8.25	2023.9.13	2023.9.15. (9.18까지)
15	국무위원 후보자(국방부 장관 신원식) 인사청문요청안	2023.9.15	2023.9.27	2023.10.5 (10.6까지)
16	한국방송공사 사장 후보자(박민) 인사청문요청안	2023.10.17	2023.11.7	2023.11.8 (11.9까지)
17	합동참모의장 후보자(김명수) 인사청문요청안	2023.11.3	2023.11.15	2023.11.23 (11.24까지)
18	국무위원 후보자(농림축산식품부 장관 송미령) 인사청문요청안	2023.12.7	2023.12.18	2023.12.27. (12.28까지)
19	국무위원 후보자(해양수산부 장관 강도형) 인사청문요청안	2023.12.7	2023.12.19	2023.12.27. (12.28까지)
20	국무위원 후보자(중소벤처기업부 장관 오영주) 인사청문요청안	2023.12.7	2023.12.21	2023.12.27. (12.28까지)
21	방송통신위원회 위원장 후보자 (김홍일) 인사청문요청안	2023.12.8	2023 12.27	2023.12.28. (12.28까지)
22	방송통신위원회 위원장 후보자 (이진숙) 인사청문요청안	2024.7.8	2024.7. 24.~26	2024.7.30 (7.30까지)
23	국무위원 후보자(과학기술정보통신부 장관 유상임) 인사청문요청안	2024.7.24	2024.8.8	2024.8.13. (8.15까지)
24	국무위원 후보자(고용노동부 장관 김문수) 인사청문요청안	2024.8.6	2024.8.26	2024.8.27. (8.28까지)

25	국무위원 후보자(국방부 장관 김용현) 인사청문요청안	2024. 8.16	2024. 9.2	2024.9.5 (9.5까지)
26	국가인권위원회 위원장 후보자 (안창호) 인사청문요청안	2024. 8.16	2024. 9.3	2024.9.5. (9.5까지)
27	검찰총장 후보자(심우정) 인사청문요청안	2024. 8.20	2024. 9.3	2024.9.10 (9.11까지)
28	한국방송공사 사장 후보자 (박장범) 인사청문요청안	2024. 11.1	2024.11. 18.~11.20	2024.11.21 (11.22까지)

〈표 II-6〉 인사청문회 실시 후 인사청문경과보고서 미송부 사례

5 —— 다섯 번째 질문
공직 후보자 인사청문회 검증의 이원화

인사청문회에서 청렴성·도덕성의 검증은 비공개로, 정책·역량 등과 같
은 전문성 검증은 공개로 이원화할 때가 되지 않았을까?

인사권자가 국회의 인사청문회 결과를 무시하고 인사청문경과보고서 채택 여부와 상관없이 공직 후보자 임명을 강행하는 것도 문제지만, 국회가 후보자의 정책·역량 등과 같은 전문성을 제대로 검증하지 않고 정파적 목적에 따라 후보자 흠집 내기에 주력하는 데 대한 지적도 끊이지 않고 제기되고 있다.

유능한 공직 후보자를 발탁하려고 해도 청문회에서 망신당하기 싫어서 장관직을 고사했다는 전언이 이제 더는 낯설지 않다. 장관보다 청문회를 하지 않아도 되는 차관을 선호한다는 말이 농담이 아닌 진담으로 받아들여지는 세태다.

한국 사회의 압축성장 과정에서 과거에는 별다른 문제가 되지 않았던 일이 현재 공직윤리 기준으로 볼 때는 흠집을 잡힐 만한 사안이 되기도 한다. 일례로 인사청문회 기준이 만들어지기 전에 행했던 자녀 교육을 위한 학군 위장전입과 부동산 거래 등이 청문회 때마다 논란이 된 사례가 부지기수다.

천하의 인재를 널리 구하여 최고의 적임자를 모셔 와도 부족할 판에 청문회가 두려워 후보군이 고사하는 바람에 모 부처 장관은 스물 몇 번째 후보자였다는 사실이 공공연한 비밀이 되기도 했다.

이런 문제점을 개선하기 위한 대안으로 논의된 해법이 공직 후보자의 자질을 청렴성·도덕성 등의 윤리성 검증과 정책·역량 등의 전문성 검증으로 이원화하자는 주장이다. 하지만 현실은 주로 여당일 때 이원화를 주장하다 야당이 되면 슬그머니 입장을 거두고, 야당일 때 반대하던 의원들이 여당이 되면 도입 찬성 의견으로 돌아서서 합의가 되지 않고 있다.

구더기 무서워서 장 못 담글까? 최고의 인재가 마음껏 일하게 해야 나라가 살고 국민이 행복해진다. 인사청문회를 비공개로 하면 청렴성·도덕성 등의 윤리 검증이 소홀해질 수 있다는 우려

법률안(의안번호)	인사청문회 방식	회의 공개
전해철 의원 안 (22920)	공직윤리청문회 (청렴성·도덕성)와 공직역량청문회 (전문성 등) 분리 실시	공직윤리청문회는 공직 후보자 선서 전 위원회가 비공개 여부 결정
홍영표 의원 안 (781)	공직윤리청문회(청렴성 ·도덕성)와 공직역량청문회(전문성 등) 분리 실시	공직윤리청문회는 비공개 원칙 (단, 위원회 의결로 공개 가능)
정성호 의원 안(1828)	공직 후보자에 대한 비공개 사전 검증을 목적 으로 하는 '예비심사소위원회' 신설	예비심사소위원회는 비공개 원칙 (단, 소위원회 의결로 공개 가능)
김병주 의원 안 (5510)	공직윤리청문회 (청렴성 · 도덕성)와 공직역량청문회(전문성 등) 분리 실시 ※ 국방부 장관, 합참의장 후보자에 한정	공직윤리청문회는 비공개 원칙 (단, 법률상 비공개 사유에 해당하지 않는 한 위원회 의결로 공개 가능)

〈표 II-7〉 제21대 국회에서 발의된 '인사청문회법 이원화 개정안'

가 있지만, 이는 제도로 보완하면 될 일이다. 미국처럼 철저한 자료 제출과 사전조사 장치를 제도적으로 마련하고, 그 기준에 미달하면 부적격으로 미리 걸러내도 될 일 아닌가? 지금이라도 도덕성 검증과 정책·역량 검증으로 인사청문회를 이원화해야 하지 않을까?

미국의 인사청문제도는 연방헌법 제2조제2항에 따라 대통령이 지명Nomination한 공직 후보자가 상원의 인준청문회Confirmation Hearing를 거쳐 인준을 얻어야 공무원으로 임명Appointment될 수 있다. 미국은 한국과 달리 별도의 인사청문특별위원회를 운영하지 않으며, 상원의 소관 상임위원회로 일원화되어 있다.

우리나라의 국회 인사청문회 대상은 총 67개 직위지만, 미국의 대통령이 상원의 인준을 얻어 임명해야 하는 직위는 연방대법원 대법관, 행정부의 장·차관과 차관보 이상의 직위, 중앙정보국 국장과 연방수사국 국장을 비롯한 국가기관의 장, 각국 대사와 연방선거위원회 위원 등 1,200여 개에 달한다.

다만, 인준 대상 직위에 대해 인준청문회를 한다는 명문 규정은 없으며, 실제로는 600여 개만 인준청문회를 실시하고 있다. 눈여겨볼 점은 행정부 장관은 물론 차관에 대한 인준청문회에서

주관위원회	구분	대상 공직 후보자	직위 수
인사청문 특별위원회	국회 동의 대상	국무총리, 감사원장, 대법원장 및 대법관(13인), 헌법재판소장	17인
	국회 선출 대상	헌법재판소 재판관 중 3인 및 중앙선거관리위원회 위원 중 3인	6인
	소계		23인
소관 상임위원회	국무위원	각부 장관	19인
	헌법재판소 재판관	대통령 임명 3인, 대법원장 지명 3인	6인
	중앙선거관리 위원회 위원	대통령 임명 3인, 대법원장 지명 3인	6인
	주요 행정기관장	방송통신위원회 위원장, 국가정보원장, 공정거래위원회 위원장, 금융위원회 위원장, 국가인권 위원회 위원장, 고위 공직자범죄수사처장, 국세청장, 검찰총장, 경찰청장, 합동참 모의장, 한국은행 총재, 특별감찰관, 한국방송공사 사장	13인
	소계		44인
총계			67인

〈표 II-8〉 대한민국의 국회 인사청문회 대상 공직 후보자 (국회법 해설, 2024)

대통령이 지명한 후보의 인준을 거부한 사례가 2% 미만으로 매우 드물다는 점이다.

미국은 상임위원회에 인준동의안이 회부되면 예비조사를 실시한다. 후보자 선정 과정에서 조사된 개인 약력인 SF86, 자산 및 채무 현황을 나타내는 SF278을 자료로 요청할 수 있고 연방수사국FBI의 정보를 이용하기도 한다. 참고로 SF86은 기본적으로 개인정보보호 차원에서 일반 국민에게 공개되지 않는 자료지만, SF278은 일반에게도 공개되는 자료다.

또한 위원회별로 청문회 운영 방식이 제각각인데, 위원회 차원에서 자체적으로 재산공개서와 배경조사서 양식을 만들어 후보자에게 답변을 요구하기도 한다. 예를 들어 법사위원회에서는 '파란 메모blue slips'로 불리는 서면을 후보자의 출신 주 상원의원에게 보내서 지지 여부를 묻기도 한다.

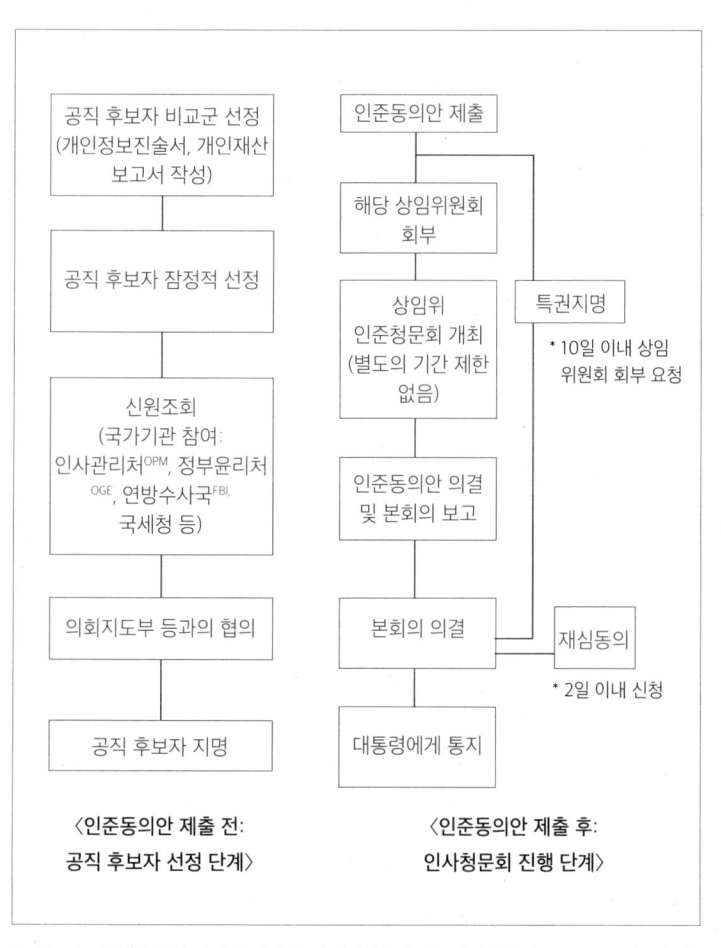

〈인준동의안 제출 전:
공직 후보자 선정 단계〉

〈인준동의안 제출 후:
인사청문회 진행 단계〉

〈그림 II-1〉 미국 인사청문회 진행 절차 (국회 인사청문회 제도 개선방안 연구, 2024, 국회운영위원회)

6 ── 여섯 번째 질문
국회의 해임건의안 수용 제도화

국회가 장관 해임건의안을 의결하더라도 대통령이 수용하지 않고 무시하는 사례가 많은데, 국회의 의결이 있으면 이를 따르도록 의무화하는 방법은 어떨까?

만약 그것이 현행 제도인 대통령의 인사권을 제약한다고 할 때, '대통령은 국회의 해임 건의에 대해 특별한 사유가 없는 한 이에 응하여야 한다.'라는 규정을 추가한다면 어떨까?

헌법 제63조는 국회에 국무총리 및 국무위원에 대한 해임건의권을 부여하고 있다. 국회가 재적의원 과반수로 해임을 건의할 수 있게 하여 대통령을 보좌하는 국무총리와 장관들에게 정치적 책임을 추궁할 수 있도록 한 것이다. 이는 행정부의 독선을 견제하기 위한 간접적인 장치로 내각제적 요소를 가미한 우리 헌법의 특징이다.

✿ 헌법

제63조 ① 국회는 **국무총리 또는 국무위원의 해임**을 대통령에게 **건의**할 수 있다.

② 제1항의 해임 건의는 국회 재적의원 3분의 1 이상의 발의에 의하여 국회 재적의원 과반수의 찬성이 있어야 한다.

✿ 국회법

제112조(표결방법) ⑦ 국무총리 또는 국무위원의 **해임건의안이 발의**되었을 때에는 의장은 그 해임건의안이 발의된 후 **처음 개의하는 본회의에 그 사실을 보고**하고, 본회의에 보고된 때부터 **24시간 이후 72시간 이내에 무기명투표로 표결**한다. 이 **기간 내에 표결하지 아니한 해임건의안은 폐기**된 것으로 본다.

〈표 Ⅱ-9〉 헌법과 국회법에 명시된 국회의 해임건의권 관련 조항

1987년 헌법 개정 때 유신헌법과 제5공화국 헌법에 존속하던 해임안을 해임건의안으로 수정했다. 얼핏 보면 국회의 권한을 축소한 듯하지만, 사실 권위주의 군사독재 치하에서는 국회가 장관 해임을 의결할 가능성이 없었기 때문에 그 조항은 헌법을 꾸미는 '장식 요소'일 뿐이었다.

오히려 현행 헌법의 해임건의안은 대통령제 정부의 본질에 충실하게 개정된 것이라고 한다. 전형적인 대통령제하에서는 의회의 내각에 대한 불신임권이 인정되지 않기 때문에 해임건의권으로 수정했다는 것이다.

헌법재판소도 국회의 국무총리나 장관에 대한 해임건의권이 법적 구속력이 없다고 판시(헌법재판소 2004헌나1 결정)했다. 헌법 제63조의 해임건의권을 법적 구속력 있는 해임의결권으로 해석하는 것은 법문과 부합하지 않을 뿐만 아니라, 대통령에게 국회해산권을 부여하지 않은 현행 헌법상의 권력분립 질서와도 조화될 수 없다고 결정했다.

그렇다 해도 대통령이 국무총리나 장관에 대한 국회의 해임건의권을 소 닭 보듯 무시할 수는 없다고 생각한다. 대통령이 국회의 해임 건의를 일언지하에 거부하고 독선을 이어가는 바람에 정치적 갈등이 격화하지 않았나?

국민의 대의기관인 국회가 숙고하여 국무총리나 장관에 대한 해임건의안을 발의하고 추진했다면 법적 구속력은 없다고 하더라도 대통령이 국회의 건의를 수용해야 바람직하다(《헌법주석》, 2018, (사)한국헌법학회, 374-375면)고 생각한다.

발의일	안건명	발의자	비고	해임 여부
2001.8.24	국무위원 (통일부 장관 임동원) 해임건의안	이재오 의원 등 132인	가결	자진사퇴
2003.8.29	국무위원 (행정자치부 장관 김두관) 해임건의안	홍사덕 의원 등 149인	가결	자진사퇴
2016.9.21	국무위원(농림축산 식품부 장관 김재수) 해임건의안	우상호·노회찬 의원 외 130인	가결	불수용
2022.9.27	국무위원 (외교부 장관 박진) 해임건의안	박홍근 의원 외 168인	가결	불수용
2022.11.30	국무위원(행정안전부 장관 이상민) 해임건의안	박홍근 의원 외 168인	가결	불수용
2023.9.18	국무총리(한덕수) 해임건의안	박광온 의원 등 168인	가결	불수용

〈표 II-10〉 현행 헌법(1987년 헌법)하 해임건의안 가결 사례

그러나 현실 정치는 공자님 말씀처럼 돌아가지 않을 때가 더

많다. 정치적 책임을 져야 할 사유가 명백한데도 아무도 책임지

지 않는 행태를 반복해서 여러 차례 문제가 되지 않았는가? 행정부의 독선과 오만을 견제하기 위한 정치적 통제 장치의 도입이 필요하지 않을까? 그런 관점에서 국무총리나 장관에 대한 국회의 해임 의결이 있으면 대통령이 이를 무조건 따르도록 의무화하면 좋지 않을까?

물론 여소야대의 상황에서 야당이 장관에 대한 해임의결권을 남발하면 대통령의 인사권이 제약받고 정국이 교착상태에 빠질 수 있다는 반론 또한 만만치 않을 듯 보인다. 이를 피하기 위해 국회가 국무총리나 국무위원이 책임을 져야 할 명백한 사유가 없는데도 단순히 대통령의 국정 수행을 방해할 목적으로 해임의결권을 남발해서는 안 될 것이다.

그러나 정당의 책임 의식과 절제라는 선의에만 기대기에는 한계가 있을 것이다. 그렇다면 차선으로 국회의 해임건의권 도입 당시인 제5차 개헌 때 함께 포함되었던 '대통령은 국회의 해임건의에 대해 특별한 사유가 없는 한 이에 응하여야 한다.'라는 조항을 다시 되살리면 어떨까? 실제로 1969년 문교부 장관 권오병과 1971년 내무부 장관 오치성은 국회의 해임건의안 의결로 사퇴한 바 있다.

제도는 그 자체로 완벽할 수 없고, 제도를 완벽하게 만드는 문제는 결국 운용하는 사람에게 달렸다고 생각한다. 그런 관점에서 하버드대학교의 스티븐 레비츠키와 대니얼 지블랫 교수가 《어떻게 민주주의는 무너지는가》,《어떻게 극단적 소수가 다수를 지배하는가》라는 역저에서 상호 관용mutual toleration과 제도적 자제 institutional forbearance를 강조했던 점은 한국 정치의 현실을 되돌아보게 하는 중요한 단서가 될 듯하다.

대통령의 거부권 남발과 이해 충돌 사안에 관한 해결법

대통령 본인 또는 가족과 연관되어 이해 충돌 소지가 있는 사안에 관한 안건이 국회에서 의결되었을 때, 대통령이 거부권(재의요구권)을 행사하지 못하도록 제한하면 어떨까?

입법권은 국회에 속하며, 이는 민주주의를 떠받치는 삼권분립의 강력한 기둥 역할을 한다. 우리 헌법은 '제3장 국회' 파트의 첫머리에 입법권을 명시했다. 이런 헌법정신을 살려 대통령은 국회의 입법권을 존중해야 한다.

그러나 통상적으로 거부권이라고 불리는 헌법 제53조제2항의 재의요구권은 권력분립 원칙의 극히 예외적인 조항이라고 할 수 있다. 그래서 국회에서 만든 법이 집행 가능성에 문제가 있거나 헌법 또는 다른 법률과의 체계 정합성 측면에서 상충할 때만 제한적으로 행사해야 바람직하다.

☘ 헌법

제40조 **입법권**은 **국회**에 속한다.

제53조 ①**국회에서 의결된 법률안**은 정부에 이송되어 **15일 이내**에 대통령이 공포한다.

②법률안에 **이의가 있을 때**에는 대통령은 제1항의 기간 내에 이의서를 붙여 국회로 환부하고, 그 **재의를 요구**할 수 있다. 국회의 폐회 중에도 또한 같다.

④재의의 요구가 있을 때에는 국회는 재의에 붙이고, **재적의원 과반수의 출석과 출석의원 3분의 2 이상의 찬성**으로 전과 같은 의결을 하면 그 법률안은 법률로서 확정된다.

☘ 국회법

제112조(표결방법) ⑤**대통령으로부터 환부(還付)된 법률안**과 그 밖에 인사에 관한 안건은 **무기명투표**로 표결한다. 다만, 겸직으로 인한 의원 사직과 위원장 사임에 대하여 의장이·각 교섭단체 대표의원과 협의한 경우에는 그러하지 아니하다.

〈표 II-11〉 국회의 입법권과 대통령의 거부권 관련 헌법 및 국회법 조항

대한민국 정부 수립 초기에 혼란스러웠던 과정에서 이승만 대통령이 거부권을 45회나 행사했지만, 그 이후로 역대 대통령들은 대부분 이 거부권 행사에 신중을 기했다. 칼집에 든 칼을 꺼

대통령	재의요구	법률 확정			폐기	
		재의결	수정의결	철회	부결	임기만료
이승만	45	24	6	1	9	5
박정희	5	-	-	1	1	3
노태우	7	-	-	-	4	3
노무현	6	1	-	-	2	3
이명박	1	-	-	-	-	1
박근혜	2	-	-	-	-	2
윤석열※	25	-	-	-	20	5
합계	91	25	6	2	36	22

※ 한덕수 대통령 권한대행의 6개 법률안에 대한 재의요구와 최상목 대통령 권한대행의 3개 법률안에 대한 재의요구 제외

〈표 II-12〉 역대 대통령의 거부권(재의요구권) 행사 현황

내 들고 마구잡이로 휘두르지 않았다. 권력분립의 원칙상 거부권 행사에 내재적 한계가 존재한다고 생각하여 최대한 자제하려 했다고 본다. 김영삼, 김대중 두 대통령은 거부권을 아예 한 번도 행사하지 않았으며, 노무현 대통령은 6회, 이명박 대통령은 1회, 박근혜 대통령은 2회를 각각 행사했다.

유독 윤석열 대통령만이 국회에서 탄핵소추안이 통과되기 전까지 거부권을 25회(한덕수 6회, 최상목 3회 제외)나 남발했다. 특

히 본인과 가족이 연루되었다는 의혹을 받는 '채 상병 순직 사건 특검법'에 대해서는 3번, '김건희 여사 의혹 관련 특검법'에 대해서는 4번(최상목 권한대행 행사 포함)이나 거부권을 행사하여 '야당 강행 처리 → 거부권 행사 → 재표결 부결'을 도돌이표처럼 반복하게 했다. 이런 명분 없는 거부권 남용은 자신을 스스로 민심과 동떨어지게 만든 자해행위나 다름없었다고 평가할 수밖에 없다.

물론 이는 현행 헌법이 거부권 행사 요건과 관련하여 '이의가 있을 때'라고만 규정하고 있을 뿐, '이의' 사유를 구체적인 문언으로 명시하고 있지 않은 측면에 기인한 바도 있다. 그렇다 해도 단지 '이의'가 있다는 이유만으로 국회에서 통과된 법안에 대해 거부권을 남용하는 것이 대통령으로서 올바른 태도인지에는 여전히 의문이 남아 있다. 그런 관점에서 국회에서 통과된 법안이 대통령 본인 또는 가족과 연관되어 이해 충돌 소지가 있을 때는 대통령이 거부권을 행사할 수 없도록 제한한다면 어떨까?

법률안	본회의 의결일	재의요구일	재의처리일	재의처리 결과
순직 해병 수사 방해 및 사건 은폐 등의 진상규명을 위한 특별검사 임명 등에 관한 법률안	2024. 5. 2	2024. 5. 21	2024. 5. 28	부결(총 투표수 294표, 가 179표, 부 111표, 무효 4표)
	2024. 7. 4	2024. 7. 9	2024. 7. 25	부결(총 투표수 299표, 가 194표, 부 104표, 무효 1표)
	2024. 9. 19	2024. 10. 2	2024. 10. 4	부결(총 투표수 300표, 가 194표, 부 104표, 무효 2표)
대통령 배우자 김건희 주가조작 사건 등의 진상규명을 위한 특별검사 임명 등에 관한 법률안	2023. 12. 28	2024. 1. 5	2024. 2. 29	부결(총 투표수 281표, 가 177표, 부 104표)
	2024. 9. 19	2024. 10. 2	2024. 10. 4	부결(총 투표수 300표, 가 194표, 부 104표, 기권 1표, 무효 1표)
	2024. 11. 14	2024. 11. 26	2024. 12. 7	부결(총 투표수 300표, 가 198표, 부 102표)
	2024. 12. 12	2024. 12. 31	2025. 1. 8.	부결(총 투표수 300표, 가 196표, 부 103표, 무효 1표)

※ 2024. 12. 31. '김건희 여사 의혹 관련 특검법' 재의요구는 최상목 대통령 권한대행이 행사

〈표 II-13〉 '채 상병 순직 사건 특검법'과 '김건희 여사 의혹 관련 특검법' 처리 경과

8 — 여덟 번째 질문
감사원의 기능 회복 및 개혁 방안

감사원이 대통령 지원기관을 자처하며 전 정부의 정책 결정 과정에 대한 편파적인 표적 감사를 통해 정치보복의 첨병 노릇을 한다는 비판에서 벗어나려면 감사원의 독립성과 정치적 중립성 확보가 중요한데, 이를 위한 감사원의 개혁 방안에는 무엇이 있을까?

감사원은 헌법 '제4장 정부, 제2절 행정부, 제4관 감사원'에 따라 편제된 헌법기관이다. 조직상으로 대통령에 소속된 중앙행정기관이지만, 그 기능 측면에서는 누구의 지시나 간섭도 받지 않는 독립기관이다.

감사원법은 '감사원이 직무에 관하여 독립의 지위를 지닌다.'라고 명시함으로써 감사원의 독립성·공정성·정치적 중립성을 뒷받침하고 있다. 감사원이 헌법에 보장된 회계검사와 직무감찰 활동을 통해 공무원 등 국가권력의 비위나 위법을 감시하여 권력을 통제하는 역할과 기능을 제대로 수행해야 한다는 취지다. 또

✿ 헌법

제4장 정부 / 제1절 대통령 / **제2절 행정부** / 제1관 국무총리와 국무위원 / 제2관 국무회의 / 제3관 행정각부 / **제4관 감사원**

제97조 국가의 **세입·세출의 결산,** 국가 및 법률이 정한 단체의 **회계검사**와 행정기관 및 공무원의 **직무에 관한 감찰**을 하기 위하여 **대통령 소속하에 감사원**을 둔다.

제98조 ② **원장**은 **국회의 동의**를 얻어 **대통령이 임명**하고, 그 임기는 4년으로 하며, 1차에 한하여 중임할 수 있다.

③ **감사위원**은 **원장의 제청**으로 **대통령이 임명**하고, 그 임기는 4년으로 하며, 1차에 한하여 중임할 수 있다..

✿ 감사원법

제2조(지위) ⑤**감사원**은 **대통령에 소속**하되, **직무에 관하여는 독립**의 지위를 가진다.

② 감사원 소속 공무원의 **임용, 조직** 및 **예산의 편성**에 있어서는 **감사원의 독립성이 최대한 존중**되어야 한다

제8조(신분보장) ① 감사위원은 다음 각 호의 어느 하나에 해당하는 경우가 아니면 본인의 의사에 반하여 면직되지 아니한다.

1. 탄핵결정이나 금고 이상의 형의 선고를 받았을 때

2. 장기(長期)의 심신쇠약으로 직무를 수행할 수 없게 된 때

② 제1항제1호의 경우에는 당연히 퇴직되며, 같은 항 제2호의 경우에는 감사위원회의 의결을 거쳐 원장의 제청으로 대통령이 퇴직을 명한다.

제10조(정치운동의 금지) 감사위원은 정당에 가입하거나 정치운동에 관여할 수 없다.

〈표 II-14〉 감사원의 편제 및 역할 정의 관련 헌법과 감사원법 조항

한 감사위원의 신분을 보장하고 정치운동을 금지하며 겸직을 엄격히 제한하는 등 여러 규정을 두고 있다.

그러나 윤석열 정부 들어서면서 감사원은 스스로 헌법과 법률에 따른 공정한 심판관의 역할을 포기하고 정권의 홍위병을 자처했다. 2022년 7월 감사원장은 법제사법위원회 전체회의에서 "감사원은 대통령의 국정운영을 지원하는 기관"이라고 발언했고, 2024년 10월 국정감사에서는 "감사를 통해 국정을 지원한다."라고 답변했다.

감사원은 '야당에는 서릿발, 여당에는 봄바람'이라는 이중잣대를 들이대면서 야당에는 편파적인 표적 감사를 자행했고, 여당에 대해서는 봐주기식 부실 감사로 일관했다.

심지어 감사원은 현 정권의 임기가 절반이 지나도록 전 정권인사들을 겨냥하여 당시에 진행되었던 정책 결정 과정에 대한 감사를 벌였고, 감사위원회 의결도 없이 무더기로 수사를 의뢰하는 등 정치보복의 앞잡이 노릇을 했다.

반면에 김건희 여사가 연루되었다고 알려진 대통령 관저 이전 의혹에 대해서는 "(무속인·민간인 개입이) 왜 위법인지 모르겠다.", "21그램을 누가 추천했는지는 감사의 핵심이라고 생각하지 않는다."라는 식으로 면죄부를 주었다.

감사원이 제대로 서려면 정권의 향배에 따라 줏대 없이 오락가락해서는 안 된다. 갈대도 아닌데 바람보다 먼저 눕고 바람보다 먼저 일어선다면 말이 되는가? 이제 더는 감사원이 대통령 지원기관을 자처하며 제 역할을 제대로 수행하지 않는 사태를 방치해서는 안 된다. 전 정부의 정책 결정 과정에 대해 편파적인 표적 감사를 자행하여 정치보복의 앞잡이 노릇을 할 수 없도록 감사원을 개혁할 방안에는 무엇이 있을까?

현행처럼 감사원을 대통령 소속으로 유지하는 방안을 제외하면, 지금까지 논의된 바 있는 감사원 개혁 방안은 크게 두 가지로 나누어 볼 수 있다(헌법개정 및 정치제도 개선 자문위원회 결과보고서, 2024).

첫째, 국회 소속의 회계검사원을 신설하는 방안이다. 국회의 재정 통제 권한을 실효적으로 뒷받침하고 감사를 효율적으로 하기 위해 회계 기능과 감찰 기능을 분리하여 회계검사 기능을 국회로 이전할 필요가 있다는 것이다. 물론 회계검사원을 국회 소속으로 두더라도 그 직무상 독립성을 보장하여야 한다.

이렇게 하면 감사원의 직무는 직무감찰 기능에 국한되므로 감사원(또는 신설되는 감찰원)의 법적 지위가 문제가 될 수 있는데, 이에 관한 보완책으로는 ① 신설되는 감찰원의 헌법상 지위를 보장하여야 한다는 의견, ② 감사원에 관한 조항을 삭제함으로써 헌법상 기관에서 법률상 기관으로 전환하여야 한다는 의견, ③ 감찰원의 신설은 불필요하고 직무감찰은 행정조직법을 통해 국무총리와 중앙행정기관에 나누어 이관하여야 한다는 의견이 있다.

둘째, 감사원을 대통령 소속이 아닌 별도의 헌법기관으로 독립시키는 방안이다. 감사원의 정치적 중립성과 공정성을 확보하기 위해 헌법상 독립기관으로의 전환이 가장 효과적이라는 것이다.

회계검사 기능과 직무감찰 기능은 실제로 분리하기 어렵고, 다른 기관에서 해당 기능을 행사하게 되면 권한의 중첩으로 갈등과 비효율이 발생할 가능성이 커져서 현행처럼 두 기능을 통합하여 수행하는 것이 바람직하다는 논리다.

회계검사원을 국회 소속으로 두면 회계검사 업무의 독립성과 정치적 중립성이 훼손될 우려가 있으며, 국회 내 다수파와 대통령이 속한 정당이 같다면 정부에 대한 회계검사를 제대로 수

독립기관형	의회소속형	행정부소속형
미국(의회소속형), 캐나다, 일본, 프랑스, 독일, 이태리, 스페인, 체코, 그리스, 아일랜드, 네덜란드, 포르투갈, 슬로바키아, 벨기에 등	영국(독립), 오스트리아, 호주(독립), 뉴질랜드, 핀란드, 헝가리, 멕시코, 폴란드	한국, 스위스(독립)

* ( )는 실질적 분류
** 출처: 한국헌법학회, 헌법주석(국회, 정부) 893면 발췌

〈표 II-15〉 주요 국가의 회계감사기관 소속 현황

행하지 못할 우려가 있다는 점도 감사원을 별도의 헌법기관으로 독립시켜야 한다는 주장의 주요 논거다.

9 ── 아홉 번째 질문

옳지 않은 명령을 거부할 권리

군인이 상관의 위헌적이고 불법적인 명령에 복종하지 않고 거부할 권리를 제도화해야 하지 않을까?

"우리는 적국의 테러리스트를 상대하는 부대인데 비무장 시민을 작전 대상으로 한다는 지시는 너무 과했다."

"상부는 우리를 믿지 못해 작전지역조차 알리지 않았다."

"비무장 시민과 대치하며 군인의 사명을 의심하게 되었다."

이는 12·3 사태에 동원되었던 군인들이 이후 인터뷰에서 밝힌 내용이다. 이들의 말이 아니더라도 이번 사태에서 화면에 비친 군인들의 행동은 한국 현대사의 아픔으로 남아 있는 5·18 광주 당시의 모습과 크게 대비되었다. 그들은 특수 훈련을 받은 최정예 군사들이었지만, 미온적이고 소극적인 태도가 역력했다. 특히 중간 간부들과 병사들의 처신이 돋보였다. 국회 직원들과 보좌진 등을 상대로 물리적 폭력을 적극적으로 행사하지 않았고, 국회의원들이 국회 본회의장에 입장할 수 있도록 하여 신속하게 계엄을 해제하는 데 일조했다.

그들이 의식했든 의식하지 못했든 간에 12·12 군사 반란의 주범들이 끝내 처벌되고 군 내 사조직이었던 하나회가 해체되었던 사실을 드라마 등을 통해 간접적으로나마 경험했던 기억이 그들의 행동에 영향을 미쳤다고 추정된다. 위헌적이고 불법적인 쿠데타에 가담하면 처벌받는다는 교훈을 내면화하고 있었다고 볼 수 있다.

역사보다 훌륭한 선생은 없다. 그래서 역사의 교훈을 가르치는 군대 내 교육은 중요하다. 가장 확실한 교육은 위헌적이고 불법적인 부당명령을 내린 상관과 거기에 동조하고 가담한 세력은 반드시 패가망신한다는 결과를 보여주는 일이다. 그런 점에서 이번 쿠데타에 가담하여 적극적으로 행동에 나선 군인들은 무관용의 원칙과 법정 최고형으로 일벌백계해야 한다. 다만, 소극적이고 미온적 태도를 보였던 중하위직 군인들에게는 선처가 필요하다고 생각한다.

현행 군인의 시위 및 복무에 관한 기본법에는 직무와 관계가 없거나 법규에 반하는 명령을 할 수 없도록 규정(제24조)하고 있긴 하다. 하지만 상관의 직무상 명령에 복종할 의무(제25조)는 있어도 명령을 거부할 권리와 사유 등에 관한 규정은 명문화되어 있지 않다. 군형법도 상관의 정당한 명령에 반항하거나 복종하지 않은 군인을 항명죄로 처벌(제44조)하게 되어 있다. 여기서 정당하지 않은 명령은 따르지 않아도 된다는 점을 유추할 수 있기는 하지만, 불복종의 권리가 명확하지는 않다.

국민의 재산과 생명을 지키기 위한 엄정한 군기는 군대에 필수불가결한 요소다. 하지만 상관의 위헌적이고 불법적인 부당명령에 복종하지 않고 거부할 권리가 군대 내 문화로써 뿌리내리려면 이에 관한 법을 만들고 제도화하는 일을 서둘러야 하지 않을까?

나치의 아픔을 겪은 독일의 사례는 우리에게 반면교사 역할을 한다. 독일은 초등학교 5학년부터 고등학교까지 정치교육을 의무적으로 실시한다. 특히 정치교육이 법적으로 강제되고 있는 집단은 독일 연방군과 경찰인데, 연방군은 나치라는 독일의 역사적 배경과 민주주의 수호 원칙을 바탕으로 독일군인법 제33조에서 연방군에 정치교육 실시를 의무화했다.

독일 기본법 및 연방군 내부규정인 'Zentrale Dienstvors-chrift[ZDv]'는 군인이 민주주의와 헌정질서 수호자로서 "제복을 입은 시민[Staatsbürger in Uniform]"으로 행동하라고 강조한다. 독일 국방부 홈페이지도 "독일 연방군은 무조건적 복종을 알지 못한다.", "제복을 입은 시민으로서 군인은 정치적으로 자신을 스스로 교육할 의무가 있다."라고 천명하고 있다.

독일 연방군의 정치교육은 기초 군사훈련[Basis Ausbildung]에서 신병 훈련 중 민주주의 원칙, 인권, 독일 정치 체계, 국제 관계 등의 주제를 다룬다. 군인의 정치적 중립성과 민주적 시민으로서의 가치를 조화하는 것을 우선으로 한다. 군인의 제복을 입었지만 시민이기도 하므로 공동체를 파괴하는 명령에 따르지 않을 권리에 관한 교육이 핵심이다. 우리 군에도 부당한 명령에 대한 불복종 교육을 도입하는 일이 시급하지 않을까?

✿ 군인의 지위 및 복무에 관한 기본법

제5조(국군의 강령) ① 국군은 **국민의 군대**로서 국가를 방위하고 자유민주주의를 수호하며 조국의 통일에 이바지함을 그 이념으로 한다.

② 국군은 대한민국의 자유와 독립을 보전하고 국토를 방위하며 **국민의 생명과 재산을 보호**하고 나아가 국제평화의 유지에 이바지함을 그 사명으로 한다.

제24조(명령 발령자의 의무) ① 군인은 **직무와 관계가 없거나 법규 및 상관의 직무상 명령에 반하는 사항 또는 자신의 권한 밖의 사항에 관하여 명령을 발하여서는 아니 된다.**

제25조(명령 복종의 의무) 군인은 직무를 수행할 때 **상관의 직무상 명령에 복종**하여야 한다.

✿ 군형법

제44조(항명) 상관의 **정당한 명령에 반항하거나 복종하지 아니한 사람**은 다음 각 호의 구분에 따라 **처벌**한다.

1. 적전인 경우: 사형, 무기 또는 10년 이상의 징역

2. 전시, 사변 시 또는 계엄지역인 경우: 1년 이상 7년 이하의 징역

3. 그 밖의 경우: 3년 이하의 징역

〈표 II-16〉 군인의 지위 및 복무에 관한 기본법과 군형법

10 —— 열 번째 질문
군대 내 사조직 활동의 근절 방안

12·3 사태를 계기로 군대 내에서 발본색원된 줄 알았던 하나회 같은 사조직이 학연, 지연, 근무 인연 등을 매개로 삼아 엄연히 존재하고 있었다는 사실이 밝혀졌다. 군대 내 사조직의 발호를 막을 근본 대책으로 군에 대한 문민통제를 강화해야 하지 않을까?

군인이 충성해야 할 대상은 오로지 국가와 국민뿐이다. 12·12 군
사 반란을 주도했던 하나회 같은 군대 내 사조직 결성은 결코 용
납해서는 안 될 일이다. 우리는 김영삼 대통령의 하나회 숙군 작
업으로 군대 내 사조직이 완전히 뿌리 뽑힌 줄 알았다. 하지만 이
는 오판이었다.

　이번 12·3 사태에서도 그와 유사한 사조직의 실체가 드러났
다. 대통령과 학연으로 얽힌 국방부 장관을 중심으로 하여 지연
과 근무 인연 등으로 맺어진, 이른바 '충암파', '대전파'가 있었다.

> **✿ 군인의 지위 및 복무에 관한 기본법**
>
> **제20조(충성의 의무)** 군인은 국군의 사명인 국가의 안전보장과 국토
> 방위의 의무를 수행하고, **국민의 생명·신체 및 재산을 보호**하여 국가
> 와 국민에게 충성을 다하여야 한다.
> **제31조(집단행위의 금지)** ① 군인은 다음 각 호에 해당하는 집단행위
> 를 하여서는 아니 된다.
> 2. **군무에 영향을 주기 위한 목적의 결사** 및 단체행동
> ③ 국방부 장관은 제2항 단서에 따른 **단체의 목적이나 활동이 군인의
> 의무에 위반되거나 직무 수행에 지장**을 준다고 인정하는 경우에는 그
> 단체의 **가입을 제한하거나 탈퇴를 명**할 수 있다.

〈표 II-17〉 군인의 충성 의무와 집단행위 금지에 관한 관련 법

수도방위사령관, 국군방첩사령관, 정보사령관 등 육사 출신
7인방은 내란을 주도했다. 실탄 5만 7,735발(김용현 전 국방부 장관
에 대한 검찰 공소장), 차량 107대, 블랙호크 헬기 12대를 동원하여
국회와 선거관리위원회에 난입했다. 정치인 체포조를 가동하여
일부 인사를 수도방위사령부 벙커에 가두려고 했다. 헌법기관을
무력화하는 전형적인 국헌문란이자 폭동이었다.

그들이 내란을 넘어 외환까지 획책하려 했다는 사실도 밝

김용현 전 국방부 장관 (예비역 중장)	- 육군사관학교 38기, 서울충암고 - 윤석열 대통령에 비상계엄 건의 및 계엄 총괄 실행
노상원 전 국군정보사령관 (예비역 소장)	- 육군사관학교 41기, 대전고 - 김용현 전 국방부 장관과 계엄 사전 모의·기획
박안수 전 계엄사령관 (대장, 육군참모총장)	- 육군사관학교 46기, 대구덕원고 - 계엄사령부 포고령 제1호 발표 및 계엄군 총괄 지휘
곽종근 육군 특수전사령관 (중장)	- 육군사관학교 47기, 대전충남고 - 특전사 제707특수임무단·제1공수특전여단 등에 국회 장악 지시

여인형 국군방첩사령관
(중장)
	- 육군사관학교 48기, 서울충암고
	- 방첩사 예하 부대에 중앙선거관리위원회 전산실 서버
	  확보 지시 및 수방사 예하 B-1 벙커에 사람 구금 여부 확인 등
	  지시

이진우 육군 수도방위사령관 (중장)	- 육군사관학교 48기, 서울중동고 - 수방사 예하 부대에 국회 장악 지시 및 수방사 예하 B-1 벙커 시설 확인 등 지시
문상호 국군정보사령관 (소장)	- 육군사관학교 50기, 대전보문고 - 정보사 예하 부대에 중앙선거관리위원회 장악 지시 등

〈표 II-18〉 12·3 계엄 사태 관련 핵심 인사 가담 현황

혀졌다. 북한의 도발을 유도하려고 평양까지 무인기를 침투시켜 의도적으로 자극하고, NLL(북방한계선)에 대규모 포격도 기획하고 있었다고 알려졌다. 친위 쿠데타만 성공하면 된다는 생각으로 넘어서는 안 될 레드 라인을 월선했다. 이른바 북풍 공작을

벌인 셈이다.

무엇이 그들을 군의 정치적 중립을 어기고 군부독재 시절의 낡은 유습으로 역주행하게 했을까? 공정하고 엄정한 군기 확립에 앞장서야 할 국군통수권자가 오히려 군을 정치적으로 이용하려 했기 때문이다. 민주적 정당성이 없는 사조직이 부당하게 군인사에 영향을 미치도록 방조하면서 군의 정상적인 시스템은 자연스럽게 무력화되었다.

앞서 주장했듯이 우선 교육이 중요하다. 또한 일벌백계, 최고형으로 다스려야 한다. 앞으로는 아무도 감히 일탈을 꿈꾸지 못하게 만들어야 한다. 엄정한 군기 확립만이 국군을 국민의 군대로 되살리는 길이다.

그런데도 육군사관학교(육사)는 2018년에 기무사 계엄 관련 문건 사건을 계기로 개설한 '헌법과 민주시민' 과목을 폐지했다는 사실이 전해졌다. '제복을 입은 시민'으로서 갖춰야 할 민주적 소양을 가르치는 과목을 윤석열 정권의 눈치를 보느라고 없앴다는 전언이다. 원래 해당 과목은 시민 불복종과 시민 참여 등과 같은 상황에서 군의 역할과 법 체계를 다채롭게 다루자는 취지에서 만들었다. 호응도 나쁘지 않았다고 한다. 군대가 시민사회와 동떨어진 섬이 아닌 헌법적 가치와 질서 준수를 중시하는 시민사회의 일원이라는 교육을 포기한다는 것이 말이 되는 조치일까?

군에 대한 문민통제 또한 강화해야 한다. 별 셋, 별 넷 출신 장군을 국방부 장관에 바로 임명하지 못하도록 제도화해야 한다. 최소한 전역 후 상당 기간이 지난 후에 임명할 수 있도록 안전장치를 두어야 하지 않을까? 특정 학교 출신만이 특정 요직을 독점하지 못하도록 인사 시스템 규정과 제도를 바꿔야 하지 않을까?

11 ── 열한 번째 질문
국회경비대의 지휘권을 국회의장이 행사

12·3 사태가 발생했을 때, 국회경비대는 상부의 지시에 따라 계엄 해제를 위해 국회로 들어가려던 국회의원들의 출입을 막았다. '제2의 국회 봉쇄 사태'가 재발하지 않도록 하기 위해서라도 국회경비대의 지휘권을 국회의장이 행사할 수 있게 바꿔야 하지 않을까?

12·3 사태에서 국회 출입 및 외곽 경비를 담당하는 국회경비대가 계엄 해제 의결을 위해 국회로 들어가려던 국회의원들을 막아서는 일이 발생했다. 심지어 국회의장은 담을 넘어야 했다. 국회경비대가 한시적으로 국회의 입법권을 침탈한 셈이었다.

이번 초유의 사태는 국회 경호·경비 제도의 개선을 통해 물리적·기능적으로 국회의 입법권을 온전하게 보호해야 한다는 과제를 남겼다.

현재 국회의 경호·경비는 3선 체계로 운용되고 있다. 제1선은 국회 회의장 질서 유지가 주요 임무이며 국회 소속 경위들이

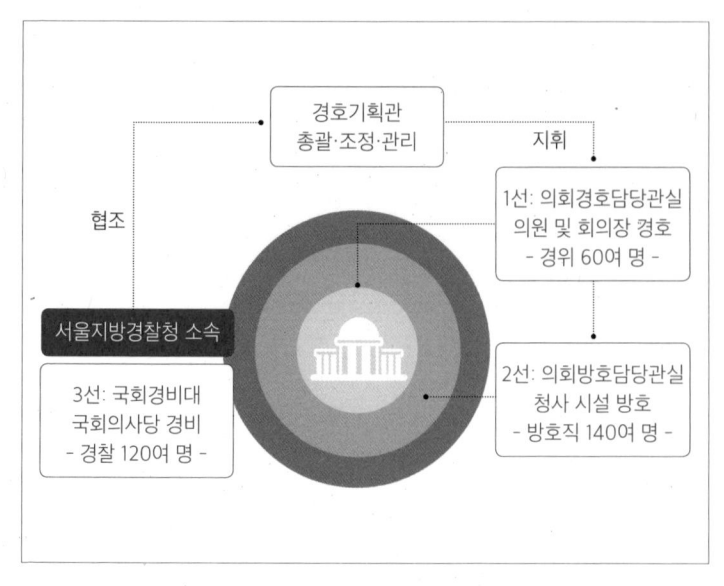

<그림 II-2> 국회의 경호·경비 체계와 담당 기관('국회 외곽 경호·경비 시스템 발전 방향에 관한 연구', 최오호(2019)에서 인용·수정)

맡고 있다. 제2선은 국회 경내 주요 건물의 경비 및 방호 업무로 방호원들이 담당한다. 제3선은 서울경찰청 소속인 국회경비대가 국회 경내 및 출입문을 담당하고 있다. 영등포경찰서는 국회 울타리 밖의 상황을 책임진다.

　문제는 이번과 같은 상황이 재발했을 때 현재의 지휘 체계로는 제2의 국회 봉쇄 사태를 막을 수 없다는 점이다. 국회경비대

국회사무처	국회경비대	영등포경찰서
- 국회 건물 내 점거 농성, 시위 등 각종 상황 발생 시 조치 - 국회 건물 내 상황 발생 시 국회의장 지시에 의거 경찰에 지원 요청 - 국회 내 시설물 관리	- 담장 기준, 담장 내 상황 총괄 - 담장 내 상황 초동조치 - 국회 건물 내 상황 발생에 따른 국회사무처 요청이 있을 경우 지원체제 유지 - 국회 출입자 및 출입차량 선별적 통제·검문	- 담장 기준, 담장 밖 상황 책임 - 국회 주변 집회시위 관리 - 국회 밖에서 이동하는 집단 민원인 차단 - 국회 내 상황 발생시 지원 체제 유지 - 불법행위자 인수, 사법처리 - 국회경비대 정보상황 제공

〈표 II-19〉 국회 경호·경비 역할 분담 체계 ('국회 경호·경비제도 개선 방안 고찰', 이상훈(2024)에서 인용·수정)

가 경찰청장, 서울경찰청장의 지휘를 받기 때문이다.

차제에 아예 국회법을 고쳐 국회경찰대 설치를 명문화하면 어떨까? 국회경찰대가 국회의 안전과 질서 유지를 위해 국회의 장의 지휘를 받게 하면 되지 않을까? 입법부의 특수성과 상징성, 삼권분립의 중요성을 고려하여 국회의 경위, 방호, 경비, 경호 시스템을 통합한 국회경호처를 신설하는 방법도 하나의 대안이 될 수 있지 않을까?

✿ 헌법

제64조 ① 국회는 법률에 저촉되지 아니하는 범위 안에서 **의사와 내부규율에 관한 규칙을 제정**할 수 있다..

✿ 국회법

제10조(의장의 직무) 의장은 국회를 대표하고 의사를 정리하며, **질서를 유지**하고 사무를 감독한다.

제144조(경위와 경찰관) ② 의장은 국회의 경호를 위하여 필요할 때에는 국회운영위원회의 동의를 받아 일정한 기간을 정하여 **정부에 경찰공무원의 파견**을 요구할 수 있다.

③ 경호 업무는 의장의 지휘를 받아 수행하되, 경위는 회의장 건물 안에서, **경찰공무원은 회의장 건물 밖에서 경호**한다.

✿ 국회사무처법

제2조(직무) 국회사무처(이하 "사무처"라 한다)는 의장의 지휘·감독을 받아 국회 및 국회의원의 입법활동과 국회의 행정업무에 관련된 다음 각 호의 사무를 처리한다.

8. **국회의 청사 관리·경비** 및 후생

〈표 II-20〉 국회법상 의장의 역할과 국회 경호·경비 관련 법규

12 —— **열두 번째 질문**
대통령 집무실의 재이전

대통령 집무실과 국방부가 한 몸처럼 붙어 있어서 12·3 사태의 사전 모의부터 실행까지 국민의 감시를 쉽게 피해 진행할 수 있었다는 비판이 무성하다. 차기 정권에서 누가 대통령에 당선되더라도 대통령 집무실과 관저를 청와대나 다른 장소로 다시 이전해야 하지 않을까?

청와대를 개방하여 국민에게 되돌려준다는 발상은 원래 촛불혁명 이후 들어선 문재인 정부의 공약이었다. 하지만 경호상의 이유 등 여러 현실적 한계 때문에 실현되지 못했다.

그런데 윤석열 정부는 아무런 사전조사와 검토도 없이 용산 국방부로 대통령 집무실을 이전하고 기존 한남동 외교부 장관 공관을 관저로 사용하겠다고 발표했고, 취임과 동시에 이를 군사작전처럼 전격 실행에 옮겼다.

명분이야 청와대 개방이었지만, 항간에는 무속인과의 연관설 등 온갖 풍문이 난무했다. 풍수지리 전문가가 등장하는 등

많은 구설수를 낳았다. 분명한 사실은 대통령 부부가 단 하룻밤도 청와대에서 지내지 않았다는 점이다. 집무실 공사나 관저 이전과 관련해서도 무자격 업체의 참여 등과 같은 문제가 불거지기도 했다.

명분상으로는 대통령 집무실이 사실상 국방부와 한 몸처럼 붙어있으면 안보 현안에 신속하게 대응할 수 있다는 장점을 내세웠지만, 결국 우리 앞에 닥친 현실은 정반대의 결과였다. 대통령과 국방부를 비롯한 군대 내부의 일탈 세력이 작당하여 불법 계엄 획책과 내란 모의를 하기 위한 좋은 환경만 제공한 셈이었다.

정보통신이 발달한 현대전에서는 지리적 근접성이 절대적인 요소가 아니라고 한다. 오히려 위험 요소의 분산이 전략적으로 더 나을 수 있다는 의견도 많다. 지금이라도 대통령 집무실과 관저를 청와대로 다시 옮기면 어떨까? 이번 일을 계기로 청와대의 낡은 시설을 개선하여 누가 정권을 잡더라도 다음 정부에서 일하기 좋은 환경을 미리 만들어두면 좋지 않을까?

현재는 대통령 집무실과 관저에 관한 사항을 명확하게 규정한 관련 법률이 존재하지 않는다. 객관적인 기준조차 없는 상태다. 당장 해야 할 일이 산더미처럼 쌓여 있지만, 대통령 집무실과 관저에 관해서도 국민적 지혜를 모아야 하지 않을까?

☘ 국유재산법

제6조(국유재산의 구분과 종류) ① 국유재산은 그 용도에 따라 행정재산과 일반재산으로 구분한다.

② **행정재산**의 종류는 다음 각 호와 같다.

1. **공용재산: 국가가 직접 사무용·사업용** 또는 **공무원의 주거용**(직무수행을 위하여 필요한 경우로서 대통령령으로 정하는 경우로 한정한다)으로 사용하거나 **대통령령으로 정하는 기한까지 사용**하기로 결정한 재산

☘ 국유재산법 시행령

제4조(국유재산의 구분) ② 국유재산법 제6조제2항제1호에서 **"대통령령으로 정하는 경우"**란 다음 각 호의 어느 하나에 해당하는 목적으로 사용하거나 사용하려는 경우를 말한다.

1. **대통령 관저**

〈표 II-21〉 대통령 집무실과 관저에 관한 관련 법규

13 —— **열세 번째 질문**

바람직한 형사사법 체계 모색

검찰 출신 대통령이 선포한 계엄의 불법성과 내란죄 혐의에 관해 검찰, 경찰, 공수처 등 수사기관들이 경쟁적으로 나서고 있는데, 향후 형사사법 체계는 어떻게 바뀌어야 바람직할까?

검찰의 변신은 이제 전혀 놀랍지 않다. 검찰은 정권이 바뀔 때마다 살아남았다. 검찰의 생존 수단은 정권 초기에 그들의 홍위병이 되어 전 정권의 적폐 청산을 위한 수사를 벌이다 정권이 끝나갈 무렵에는 칼끝의 방향을 돌려 검찰의 특기인 이른바 '살권수(살아 있는 권력에 대한 수사)'를 시전하는 일이었다. 이번에도 예외는 아닌 듯하다.

지금이야 12·3 사태에 대한 철저한 수사를 통해 다시는 이처럼 위헌적이고 불법적인 일이 재발하지 않게 하는 일이 가장 중요하지만, 그렇다고 검찰의 정권 교체기 생존 프로젝트를 관성의 법칙대로 방관해서는 안 된다고 생각한다. 엊그제까지 정권과 일심동체로 충견 노릇을 한다고 비난받다가 뒤늦게 숨겨진 사냥 본능을 드러내고 있는 모습을 그대로 용인해야 옳은 일일까?

경찰은 어떠한가? 비난보다는 칭찬을 받을 일이라면 조직의 수장을 구속하는 등 행보가 날렵해졌다는 점을 들 수 있다. 지금까지 경험하지 못했던 무척 낯선 모습이다.

공수처는 또한 어떤가? 수사 능력과 조직 규모의 한계 때문에 무기력한 새끼 호랑이로 알았는데, 먹잇감을 놓치지 않겠다는 맹수 본능을 드러내며 의욕을 보였다. 하지만 대통령에 대한 체포영장 집행을 철저한 준비 없이 시도했다가 의지 없이 퇴각했고, 심지어 책임 없이 경찰에 '하청'을 맡기려고 하다가 철회했다. 공수처의 이런 무능에도 불구하고 경찰 국가수사본부와 공조 수사를 통해 성과를 내기를 응원할 수밖에 없는 현실에 씁쓸한 마음을 감출 수 없다.

그렇다면 향후 대한민국의 형사사법 체계는 어떤 모습이어야 할까? 연혁부터 살펴보아야 나아갈 길이 보일 듯하다. 지금까지의 역사를 한마디로 요약하면 태동기부터 검찰권 강화의 역사라 할 수 있다.

일제강점기 일본은 식민지 형사사법 행정의 효율성을 극대화하기 위해 중앙집권적인 체계를 도입했다. 이때 검사동일체의 원칙, 사법경찰관의 검사에 대한 복종 의무 등이 '조선형사령'에 담겼다.

이후 미군정이 들어서면서 수사와 소추기관을 분리하는 미국식 형사사법 제도를 도입하고자 했으나, 신생 독립국가로서 형사소추 기능의 신속한 회복이 우선시되었다. 검사에게 범죄수사에 관한 사법경찰 관리의 지휘감독권을 부여했던 것은 당연한 귀결이었다. 검찰은 힘을 잃지 않고 오히려 날개를 달았다.

1960년 4·19 혁명으로 허정 과도정부가 들어선 이후에야 이런 기류에 변화의 조짐이 불며 일본처럼 경찰에 일차적 수사권을 부여하는 방안이 검토되기도 했다.

그러나 5·16 군사정변 이후 상황은 또다시 반전되었다. 검사의 독점적 영장청구권이 헌법에 명시되는 등 검찰권은 강화 일로를 걸었다.

1987년 민주화 이후에도 검찰권에 대한 통제와 견제가 화두로 떠오르곤 했지만, 두드러지게 눈에 띄는 성과는 없었다. 오히려 군사독재를 벗어나 문민시대로 전환함에 따라 권위주의를 떠

받쳤던 기둥인 군인, 경찰, 안기부 등 정보기관의 힘이 약화했고, 그 권력의 공백은 검찰권에서 메워갔다.

검찰 권력의 불공정하고 편파적인 수사를 통한 정치 개입을 비판하는 목소리는 갈수록 높아졌고, 노무현 대통령의 불행한 죽음을 계기로 검찰개혁이 시대의 화두로 떠올랐다.

2018년 6월 21일 법무부(검찰)와 행정안전부(경찰) 간의 협의에 따라 '검경수사권 조정 합의안'이 만들어졌고, 이를 기초로 국회 사법개혁특별위원회 논의를 거쳐 형사소송법과 검찰청법이 개정되어 2021년부터 시행되었다.

2021년 시행된 법안의 주요 내용은 검찰이 직접 수사를 개시할 수 있는 범죄를 부패범죄, 경제범죄, 공직자범죄, 선거범죄, 방위사업범죄, 대형 참사 등 6대 중요범죄로 한정하는 것이었다. 그때까지 검찰이 보유했던 사법경찰관에 대한 수사지휘권을 폐지하고 경찰에 1차적 수사종결권을 부여했다. 이때 비대해진 경찰권을 효율적으로 분산하기 위해 자치경찰제 도입과 함께 국가수사본부를 설치했다.

또한 권력기관에 대한 견제와 균형 차원에서 고위공직자 부패를 수사하는 고위공직자범죄수사처를 설치하는 법도 제정되어 2020년 7월 15일부터 시행되었다.

이후에도 검찰의 수사권과 기소권을 완전히 분리하는 방향으로 검찰개혁의 논의가 이어졌다. 윤석열 대통령도 검찰총장에 임명되기 전에 속내를 숨기고 청와대 면접에서 검경수사권 분리에 찬성한다는 의견을 밝혔다는 이야기가 지금도 전설처럼 회자한다.

검찰과 경찰의 힘의 균형을 찾기 위한 줄다리기 속에 2022년 검사의 수사권을 6대 중요범죄에서 부패범죄와 경제범죄 등 2대 중요범죄로 축소하는 방향으로 형사소송법과 검찰청법이 개정되어 시행되었다. 이른바 검수완박법이다. 주요 내용은 검사의 수사 개시 범위를 2개로 축소할 뿐만 아니라, 검사의 수사권 남용을 막기 위해 검사가 사법경찰관으로부터 송치받은 사건은 동일성을 해치지 않는 범위 내에서만 수사하도록 제한했다. 합리적 근거 없이 별개 사건의 부당 수사를 금지하는, 이른바 별건수사 금지조항도 담겼다.

이때 문제가 된 부분은 검찰청법 '제4조 검사의 직무'에서 검사가 수사를 개시할 수 있는 범죄의 범위를 '부패범죄, 경제범죄 등'으로 규정한 내용이다. 이후 윤석열 정부가 들어서고 '등'

수사권	공소권
검찰 (2대 중요범죄, 경찰공무원범죄 등)	검찰 (범죄)
경찰 (범죄)	
고위공직자범죄수사처 (고위공직자범죄)	고위공직자범죄수사처 (판사·검사·고위경찰공무원범죄)

〈표 II-22〉 현행법에 따른 수사권 및 공소권 배분 현황

의 범위를 넓게 확장하면서 시행령 통치 논란이 빚어졌다. 이는 검찰개혁의 역사에서 어설픈 봉합이 나중에 갈등의 불씨로 더 세게 타오른다는 사실을 온 국민이 체험을 통해 학습하는 계기가 되었다.

이제 다시 '검찰개혁 등 형사사법 체계를 어떻게 가져갈지'에 관심이 쏠릴 것으로 보인다. 논의는 ① 수사와 기소 주체의 완전 분리, ② 각 기관 간의 상호 견제 원리에 초점이 모아지리라고 생각한다.

검사의 수사권을 완전히 폐지하고 기소청 또는 공소청으로 전환하는 방안이 중점 논의 대상이 될 것이다. 검사의 수사권을

✿ 국가경찰과 자치경찰의 조직 및 운영에 관한 법률

제3조(경찰의 임무) 경찰의 임무는 다음 각 호와 같다.

2. **범죄의 예방·진압 및 수사**

✿ 검찰청법

제4조(검사의 직무) ① 검사는 공익의 대표자로서 다음 각 호의 직무와 권한이 있다.

1. 범죄수사, 공소의 제기 및 그 유지에 필요한 사항. 다만, **검사가 수사를 개시할 수 있는 범죄의 범위**는 다음 각 목과 같다.

가. **부패범죄, 경제범죄 등 대통령령으로 정하는 중요범죄**

나. 경찰공무원(다른 법률에 따라 사법경찰 관리의 직무를 행하는 자를 포함한다) 및 고위공직자범죄수사처 소속 공무원(「고위공직자범죄수사처 설치 및 운영에 관한 법률」에 따른 파견공무원을 포함한다)이 범한 범죄

다. **가목·나목의 범죄 및 사법경찰관이 송치한 범죄와 관련하여 인지한 각 해당 범죄와 직접 관련성이 있는 범죄**

✿ 형사소송법

제197조의4(수사의 경합) ① 검사는 사법경찰관과 동일한 범죄사실을 수사하게 된 때에는 **사법경찰관에게 사건을 송치할 것을 요구**할 수 있다.

② 제1항의 요구를 받은 사법경찰관은 지체 없이 검사에게 사건을 송치하여야 한다. 다만, 검사가 영장을 청구하기 전에 동일한 범죄사실에 관하여 사법경찰관이 영장을 신청한 경우에는 해당 영장에 기재된 범

죄사실을 계속 수사할 수 있다.

✿ 고위공직자범죄수사처 설치 및 운영에 관한 법률
제24조(다른 수사기관과의 관계) ① 수사처의 범죄수사와 중복되는 다른 수사기관의 범죄수사에 대하여 처장이 수사의 진행 정도 및 공정성 논란 등에 비추어 수사처에서 수사하는 것이 적절하다고 판단하여 **이첩을 요청하는 경우 해당 수사기관은 이에 응하여야** 한다.
② 다른 수사기관이 범죄를 수사하는 과정에서 **고위공직자범죄등을 인지한 경우 그 사실을 즉시 수사처에 통보**하여야 한다.
③ 처장은 피의자, 피해자, 사건의 내용과 규모 등에 비추어 **다른 수사기관이 고위공직자범죄등을 수사하는 것이 적절하다고 판단**될 때에는 **해당 수사기관에 사건을 이첩**할 수 있다.
④ 제2항에 따라 고위공직자범죄등 사실의 통보를 받은 처장은 통보를 한 다른 수사기관의 장에게 수사처 규칙으로 정한 기간과 방법으로 수사개시 여부를 회신하여야 한다.

〈표 II-23〉 경찰과 검찰, 공수처 조직 관련 법률

없앴을 때 국가 수사 역량과 범죄 대응력을 어떻게 확보할 수 있을지가 핵심 관건이 될 것으로 보인다.

검찰청의 수사 권한을 현행 수사기구인 경찰과 공수처로 배분하는 방안이 나을까? 검찰청의 수사 권한을 새로이 신설하는

특별수사기구로 이관하는 방안은 없을까? 현재 검찰, 경찰, 공수처로 3분된 수사 권한을 신설 독립수사기구로 집중화하면 어떨까?

생각할 수 있는 모든 방안이 현재 검찰의 수사권을 박탈하는 방향으로 가닥이 잡히고 있다. 정권 교체기마다 생존 본능을 통해 권력의 크기를 강화해온 검찰이 이번에는 순순히 자신들의 칼을 내려놓을까? 그럴 가능성은 거의 없다고 보는 것이 현실적인 예측일 듯하다. 결국 검찰개혁의 성공 여부는 현실 정치 과정에서 국민이 누구 손을 들어줄지에 달려 있다.

그밖에 검찰청 검사의 수사권을 박탈한다고 가정할 때, 군검사, 공수처 검사, 특별검사 등의 수사권과 기소권을 어떻게 가져갈지도 정리해야 한다. 경찰 등 다른 수사기관에 대한 통제장치를 마련하는 것도 과제로 남는다. 검찰개혁은 누가 권력을 쥐더라도 정권의 성공 여부를 가르는 계륵이 될 것이다.

합 의 문

1. 검찰의 직접 수사권과 기소권은 분리하는 방향으로 한다. 검찰의 직접 수사권은 한시적이며 직접 수사의 경우에도 수사와 기소 검사는 분리한다.

2. 검찰청법 제4조(검사의 직무)①항 1호 가목 중 『공직자범죄, 선거범죄, 방위사업범죄, 대형 참사』를 삭제한다. 검찰 외 다른 수사기관의 범죄 대응 역량이 일정 수준에 이르면 검찰의 직접 수사권은 폐지한다.

3. 검찰의 직접 수사 총량을 줄이기 위해 현재 5개의 반부패강력(수사)부를 3개로 감축한다. 남겨질 3개의 반부패수사 검사 수도 일정 수준으로 제한한다.

4. 범죄의 단일성과 동일성을 벗어나는 수사를 금지한다(별건 수사 금지). 검찰의 시정조치 요구 사건(형소법 197조의3(시정조치 요구 등))과 고소인이 이의를 제기한 사건(형소법 245조의7(고소인 등의 이의신청)) 등에 대해서도 당해 사건의 단일성과 동일성을 해치지 않는 범위 속에서 수사할 수 있다고 규정한다.

5. 법률안 심사권을 부여하는 사법개혁특위를 구성한다. 이 특위는 가칭 '중대범죄수사청(한국형 FBI)' 등 사법 체계 전반에 대해 밀도 있게 논의한다.

- 중수청은 특위 구성 후 6개월 내 입법 조치를 완성하고 입법 조치 후 1년 이내에 발족시킨다. 중수청(한국형 FBI)이 출범하면 검찰의 직접 수사권은 폐지한다.
- 중수청 신설에 따른 다른 수사기관의 권한 조정도 함께 논의한다.
- 사법개혁특별위원회(사개특위)의 구성은 13인으로 하며 위원장은 민주당이 맡는다. 위원 구성은 민주당 7명, 국민의힘 5명, 비교섭단체 1명으로 한다. 사개특위는 모든 수사기관의 수사에 대한 공정성, 중립성과 사법적 통계를 담보할 수 있는 방안도 함께 마련한다.

6. 공수처 공무원이 범한 범죄는 검찰의 직무에 포함한다(검찰청법 제4조).

7. 검찰개혁법안은 이번 임시국회 4월 중에 처리한다.

8. 이와 관련된 검찰청법 개정안과 형사소송법 개정안은 공포된 날로부터 4개월 후 시행한다.

2022년 4월 22일

더불어민주당 원내대표	국회의장	국민의힘 원내대표
박홍근	박병석	권성동

〈그림 II-3〉 형사사법 제도 개혁 관련 제21대 국회 여야 합의문

글을
마치며

거센 파도에 맞서
다시 나침반을 챙기는 심정으로

아무리 생각해도 이해할 수 없다. 한 치 앞을 모르는 세상이 맞는 듯하다. 그가 이토록 무모할 줄은 꿈도 꾸지 못했다. 일각에서 계엄 발령의 우려를 제기할 때 말도 안 된다고 무시했다. 안이했음을 반성한다.

원래는 다른 글을 쓰고 싶었다. 품격 있는 나라를 향한 정책 제안서를 만들고 싶었다. 나라는 부자라는데 개인의 삶은 왜 이렇게 힘든지 해법을 찾아보려고 했다. 양극화가 가져다준 불평등, 저출생 고령화의 그늘을 극복해 나갈 리더십에 관해 함께 고민하고자 했다.

한국 정치의 문제점도 짚어보고 싶었다. 규칙에 따라 경쟁하고 결과에 승복하는 멋진 정치의 모습을 그려보고 싶었다. 정치에서 경쟁자는 죽여 없애야 할 적이 아니라 공존해야 할 상생의 대상이어야 한다는 주장을 펼치고 싶었다. 대립과 갈등으로 치닫는 진영 정치, 팬덤 정치의 폐해에 대해서는 쓴 소리를 하려고 했다.

모두 부질없는 일이 되어버렸다. 당장 발등에 불이 떨어졌는데 한가하게 공자 왈, 맹자 왈 할 수는 없는 일 아닌가? 그의 어리석은 선택이 초래한 문제들부터 해결해야 한다.

한 치 앞을 알 수가 없다. 안개 자욱한 망망대해를 헤매고 있는 느낌이다. 우리는 안전하게 목적지에 도달할 수 있을까? 우리가 그토록 자랑하던 최첨단 항해 시스템이 망가져 버렸다. 다시 시작해야 한다. 당장 나침반부터 챙겨야 한다. 뾰족한 묘수는 없지만, 우리에게 주어진 과제들부터 점검해야 한다. 계엄과 내란, 탄핵으로 이어지는 정국에서 던져진 질문들에 대한 답을 찾아야 한다.

아직 갈 길이 멀다. 당장 눈앞의 거센 파도를 헤쳐나가는 동시에 긴 항해를 위한 대비책을 점검해야 한다. 밤이 깊을수록 다가을 새벽을 준비해야 한다. 불필요해 보일지 몰라도 반드시 해야 할 긴요한 일이라고 생각한다. 앞으로 다가올 불길이 더 거셀지도 모른다. 미리 아궁이를 손질하고 땔나무를 옮겨서 화재의 위험을 예방하는 곡돌사신(曲突徙薪)의 자세가 절실하다.

여러분의 지혜를 구하려고 했다. 내용의 충실성도 중요하지만, 때를 놓치면 아무것도 할 수 없다고 생각했다. 독자의 비판과 질책은 오로지 필자가 감당해야 할 몫이다. 여전히 우리 앞에는 가야 할 길이 놓여 있다. 긴장의 끈을 놓지 않고 함께 나아가고자 한다. 반드시 그날이 오리라고 확신한다. 안전한 항구에 도착해서 함박웃음을 함께 웃는 그날이.

[별첨 자료]

[별첨 1] 윤석열 대통령 재임 탄핵소추 처리 현황

피소추자		탄핵소추안 발의	국회 본회의 탄핵소추안 가결	헌법재판소 탄핵심판
이상민	행정안전부 장관	2023년 2월 6일	2023년 2월 8일	기각 (2023헌나1)
안동완	검사	2023년 9월 19일	2023년 9월 21일	기각 (2023헌나2)
손준성	검사	2023년 11월 28일	2023년 12월 1일	진행 중 (2023헌나3)
이정섭	검사	2023년 11월 28일	2023년 12월 1일	기각 (2023헌나4)
이동관	방송통신위원회 위원장	2023년 11월 29일 *2023년 12월 1일 면직	-	-
김홍일	방송통신위원회 위원장	2024년 6월 27일 *2024년 7월 2일 면직	-	-
강백신	검사	2024년 7월 2일 (법사위 조사 회부)	-	-
김영철	검사	2024년 7월 2일 (법사위 조사 회부)	-	-
박상용	검사	2024년 7월 2일 (법사위 조사 회부)	-	-
엄희준	검사	2024년 7월 2일 (법사위 조사 회부)	-	-
이상인	방송통신위원회 위원장 직무대행	2024년 7월 25일 *2024년 7월 26일 면직	-	-
이진숙	방송통신위원회 위원장	2024년 8월 1일	2024년 8월 2일	진행 중 (2024헌나1)

최재해	감사원장	2024년 12월 2일	2024년 12월 5일	진행 중 (2024헌나2)
이창수	서울중앙지검장	2024년 12월 2일	2024년 12월 5일	진행 중 (2024헌나3)
조상원	검사	2024년 12월 2일	2024년 12월 5일	진행 중 (2024헌나4)
최재훈	검사	2024년 12월 2일	2024년 12월 5일	진행 중 (2024헌나5)
윤석열	대통령	2024년 12월 4일	2024년 12월 5일 *2024년 12월 7일 투표불성립	-
김용현	국방부 장관	2024년 12월 4일 *2024년 12월 5일 면직	-	-
이상민	행정안전부 장관	2024년 12월 7일 *2024년 12월 8일 면직	-	-
박성재	법무부 장관	2024년 12월 10일	2024년 12월 12일	진행 중 (2024헌나6)
조지호	경찰청장	2024년 12월 10일	2024년 12월 12일	진행 중 (2024헌나7)
윤석열	대통령	2024년 12월 12일	2024년 12월 14일	진행 중 (2024헌나8)
한덕수	국무총리	2024년 12월 26일	2024년 12월 27일	진행 중 (2024헌나9)

[별첨 2] 윤석열 대통령 재의요구 법률안 현황

연번	의안번호	법률안	재의요구 결과
1	2119727	양곡관리법 일부개정법률안	부결
2	2120877	간호법안	부결
3	2123038	노동조합 및 노동관계조정법 일부개정법률안	부결
4	2121710	한국교육방송공사법 일부개정법률안	부결
5	2121712	방송법 일부개정법률안	부결
6	2121714	방송문화진흥회법 일부개정법률안	부결
7	2120127	화천대유 '50억 클럽' 뇌물 의혹 사건의 진상규명을 위한 특별검사의 임명 등에 관한 법률안	부결
8	2120860	대통령 배우자 김건희의 도이치모터스 주가조작 의혹 진상규명을 위한 특별검사 임명 등에 관한 법률안	부결
9	2121515	10·29 이태원 참사 피해자 권리보장과 진상규명 및 재발방지를 위한 특별법안	임기만료폐기
10	2124295	순직 해병 수사 방해 및 사건 은폐 등의 진상규명을 위한 특별검사의 임명 등에 관한 법률안	부결
11	2126698	민주유공자 예우에 관한 법률안	임기만료폐기
12	2126699	농어업회의소법안	임기만료폐기
13	2126700	지속 가능한 한우산업을 위한 지원법률안	임기만료폐기
14	2126666	전세사기 피해자 지원 및 주거안정에 관한 특별법 일부개정법률안	임기만료폐기
15	2200038	순직 해병 수사 방해 및 사건 은폐 등의 진상규명을 위한 특별검사의 임명 등에 관한 법률안	부결

16	2200461	방송통신위원회의 설치 및 운영에 관한 법률 일부개정법률안	부결
17	2200946	방송법 일부개정법률안(대안)	부결
18	2200947	방송문화진흥회법 일부개정법률안(대안)	부결
19	2200948	한국교육방송공사법 일부개정법률안(대안)	부결
20	2202451	2024년 민생회복지원금 지급을 위한 특별조치법안 (대안)	부결
21	2202444	노동조합 및 노동관계조정법 일부개정법률안(대안)	부결
22	2203920	순직 해병 수사 방해 및 사건 은폐 등의 진상규명을 위한 특별검사의 임명 등에 관한 법률안(대안)	부결
23	2203925	윤석열 대통령 배우자 김건희의 주가조작 사건 등의 진상규명을 위한 특별검사 임명 등에 관한 법률안(대안)	부결
24	2203923	지역사랑상품권 이용 활성화에 관한 법률 일부개정법률안(대안)	부결
25	2204739	윤석열 대통령 배우자 김건희의 주가조작 사건 등의 진상규명을 위한 특별검사 임명 등에 관한 법률안	부결

[별첨 3] 윤석열 대통령 국회 대수별 재의요구 사유 유형 분류

대통령	국회 대수	총 재의요구	재의요구 사유							
			헌법 위반	정치적 중립성 훼손	법적 안정성 위협	재정 부담	형평성 문제	절차적 문제	실효성 부족	국민 부담 증가
윤석열	제21대	14	6	9	2	1	5	11	3	6
	제22대	11	11	11	2	5	1	7	2	5
합 계		25	17	20	4	6	6	18	5	11

[출처] '대통령의 재의요구 권한 행사에 관한 특별법안' 검토보고(국회운영위원회) 및 정부재의안

[별첨 4] 대통령 권한대행 국무총리 한덕수 재의요구 법률안 현황

연번	의안번호	법률안	재의요구 결과
1	2205958	국회법 일부개정법률안(대안)	부결
2	2205956	국회에서의 증언·감정 등에 관한 법률 일부개정법률안(대안)	부결
3	2205973	농수산물 유통 및 가격안정에 관한 법률 일부개정법률안(대안)	부결
4	2205975	농어업재해보험법 일부개정법률안(대안)	부결
5	2205977	농어업재해대책법 일부개정법률안(대안)	부결
6	2205978	양곡관리법 일부개정법률안(대안)	부결

[별첨 5] 대통령 권한대행 최상목 재의요구 법률안 현황

연번	의안번호	법률안	재의요구 결과
1	2206291	윤석열 정부의 위헌적 비상계엄 선포를 통한 내란 행위의 진상규명을 위한 특별검사 임명 등에 관한 법률안	부결
2	2206292	윤석열 대통령 배우자 김건희의 주가조작 사건 등의 진상규명을 위한 특별검사 임명 등에 관한 법률안	부결
3	2205966	지방교육재정교부금법 일부개정법률안(대안)	

악당으로부터 대한민국 지키기
친위 쿠데타 재발 방지를 위한 13가지 질문들

초판 1쇄 발행 2025년 1월 22일

지은이 이광재 조경호
펴낸이 김현종
출판본부장 배소라 **책임편집** 이형진 **디자인** 이미경
마케팅 안형태 김예리 **경영지원** 신혜선 문상철 신잉걸

펴낸곳 (주)메디치미디어
출판등록 2008년 8월 20일 제300-2008-76호
주소 서울특별시 중구 중림로7길 4, 지하 1층
전화 02-735-3308 **팩스** 02-73-3309
이메일 medici@medicimedia.co.kr **홈페이지** medicimedia.co.kr
페이스북 medicimedia **인스타그램** medicimedia

ⓒ 이광재, 조경호, 2025

ISBN 979-11-5706-395-6 (03340)

이 책에 실린 글과 이미지의 무단 전재·복제를 금합니다.
이 책 내용의 전부 또는 일부를 재사용하려면 반드시 출판사의 동의를 받아야 합니다.
파본은 구입처에서 교환해드립니다.